ACCROCHE TA VIE À UNE ÉTOILE

« Espaces libres »

STAN ROUGIER

Accroche ta vie à une étoile

Entretiens avec Jean-Pierre et Rachel Cartier

Albin Michel

Albin Michel
▪ *Spiritualités* ▪

Collections dirigées
par Jean Mouttapa et Marc de Smedt

Première édition :

Édition au format de poche :

22, rue Huyghens 75014 Paris

ISBN 2-226-08658-7
ISSN 1147-3762

A ma sœur Madeleine et son mari

A mes frères Michel, Jean, Yves, Alain et leurs épouses

A mes neveux et nièces
Christian, Stéphane, Louis, Anne-Laure, Alexis, Dominique, Jérôme, Éliane, Emmanuel, Patrice, Bernard, Christophe, Sophie, Bertrand, Marie-Hélène, Stanislas, Flore...

Introduction

« *Si le cœur n'a le choix qu'entre* se briser *et* se bronzer, *je préfère que le mien se brise*[1]. »

Chaque fois que nous nous trouvons au début d'une série d'entretiens, Rachel et moi, nous attendons, dès la première rencontre, qu'une parole jaillisse, si spontanée et si forte qu'elle va donner en un éclair une couleur et un souffle au livre que nous entreprenons.

Voilà, elle est sortie, cette parole, dès les premières minutes. Jusqu'ici rieur, le visage de Stan Rougier s'est fait grave. Peut-être ne sait-il pas qu'il vient de nous offrir la clé de son être ! Nous ne nous étonnons plus qu'il ait donné à son premier livre ce titre emblématique : L'avenir est à la tendresse. *C'est tout à fait lui : son idéal, sa générosité, son optimisme qu'il ne faut pas confondre, on le verra, avec on ne sait quelle naïveté.*

Car il ne s'agit pas d'une tendresse mièvre, mais d'un sentiment fort qui est comme une ouverture sur cet autre monde que nous pressentons et auquel nous aspirons de tout notre être.

Nous sommes très frappés du fait que, lors des expériences de proximité de la mort dont on parle tellement ces temps derniers, tous les témoins racontent qu'après

1. Chamfort.

avoir quitté leur corps, ils ont eu le sentiment de se trouver dans un univers où ils se sont sentis aimés, compris et totalement acceptés. Un univers de lumière et d'amour dont ils conservent, une fois revenus sur terre, une poignante nostalgie.

Cette même nostalgie qu'au fond de nous-mêmes nous ressentons tous, même si nous n'en sommes pas toujours conscients. Ce sentiment diffus qu'aux prises avec les difficultés de notre monde, nous passons à côté de l'essentiel et que, finalement, seule la tendresse — au sens fort du mot — est notre vraie patrie.

C'est une percée vers cette tendresse que nous avons eu le sentiment de faire tout au long de nos entretiens avec Stan Rougier.

L'homme, au premier abord, déconcerte. Rien en lui d'éthéré, mais une furieuse joie de vivre. Il est une force de la nature, un homme robuste dont les éclats de rire sont irrésistiblement contagieux. L'homme de tous les enthousiasmes et de toutes les générosités. Cela fut pour nous un vrai bonheur que de vivre ces quelques jours près de lui dans la paix de notre moulin. Nous le voyons encore marcher à grandes enjambées dans la campagne, jouer avec nos juments et se lancer en brandissant sa faux à l'assaut d'un inextricable roncier. Quel appétit de vie en lui ! Et quelle lueur enfantine dans ses yeux aux moindres beautés de la création !

Le soir auprès du feu, tandis qu'il parlait, nous aimions la façon dont il caressait notre petite chienne. C'est d'ailleurs étonnant : chats, chiens, poules, chevaux, tous les animaux l'aiment d'instinct, un signe qui ne trompe pas.

Ce qui est extraordinaire en lui, c'est qu'il trouve le moyen d'être lyrique jusque dans les conversations ordinaires. Il n'est pas de ces interlocuteurs à qui il faut arracher les confidences. Sa parole coule comme un torrent sautant d'images poétiques en comparaisons inattendues. Il a telle-

ment de talent qu'une remarque nous monte aux lèvres, qui va tout naturellement ouvrir le dialogue :

— Tu écris beaucoup et avec facilité... Ce livre, tu pourrais l'écrire toi-même !

— Sans doute, mais je marche aux signes. Le jour où vous m'avez proposé de faire avec moi un livre d'entretiens, je me suis dit que, puisque vous veniez à moi, je devais vous faire confiance. Allons-y, nous verrons. C'est une belle aventure.

I.

De quel dieu sont-ils athées ?

Nous avons tout de suite envie de parler de la tendresse puisqu'elle semble être le mot clé de tes livres et sans doute aussi de ta vie. Est-ce que ce n'est pas un mot un peu dévalué ?

Ce mot célébré par Eluard, Brel, Brassens et tant d'autres poètes a été mis à toutes les confitures. Là où je voyais le « lait de la tendresse humaine » de Shakespeare, les psychologues dénonçaient le *cocooning*. Si j'avais su, je n'aurais pas choisi ce mot !

Les mots « amour » et « charité » ont été tellement prostitués ! Encore aujourd'hui mon livre *L'avenir est à la tendresse* m'aide souvent à établir un contact avec des jeunes. Ce titre les rejoint et je reçois de la part des jeunes qui l'ont lu des lettres qui me touchent beaucoup.

Dis-nous ce qu'est pour toi la tendresse.

C'est la traduction de deux mots hébreux par lesquels Dieu nous dit la qualité d'amour qu'Il éprouve envers l'être humain. Une qualité d'amour qui rejoint l'homme non pas dans sa beauté réalisée, mais dans sa beauté à venir. Dieu voit le diamant encore à l'état brut, mais présent dans sa gangue, Il voit un trésor caché et Il va tout mettre en œuvre pour que ce trésor révèle sa splendeur.

Le premier de ces deux mots hébreux est *Rahamim* qui veut littéralement dire « entrailles maternelles ». Il est traduit dans la Bible alternativement par miséricorde et par tendresse. Remarquez que « miséricorde » est fait de « misère » et de « cœur ». « Il faut misère pour avoir cœur » a dit Paul Baudiquey, un ami prêtre. Il faut avoir éprouvé la souffrance dans sa propre chair pour être vulnérable à la souffrance d'autrui. Nos blessures peuvent devenir des brèches à travers lesquelles la peine des autres vient jusqu'à nous. Miséricorde, cela veut dire : « Tu souffres, j'ai mal. Mon cœur se dresse devant ta misère pour essayer de te protéger, te défendre, lutter contre ce qui t'écrase. » Nous sommes assez loin de la tendresse définie par certains psychologues comme une recherche de protection, une régression à l'état de nourrisson. Si l'avenir était à cette tendresse-là, nous « finirions dans les couches », comme le dit Tony Anatrella.

Les mots « entrailles maternelles » sont très forts. Quel est le rôle d'un ventre maternel sinon de recueillir une faible parcelle de vie pour lui permettre de grandir ? La femme bien plus que l'homme est capable de donner cet environnement de chaleur humaine, cette qualité de regard et d'écoute qui vont permettre à quelqu'un d'avoir envie d'exister. Je nomme tendresse cette attitude parce que la Bible la nomme ainsi. Rahamim est utilisé plus de cent trente fois dans les textes de la Première Alliance.

L'autre mot, c'est *Hesed.* On n'en finirait pas de développer tout ce qu'il exprime : Je t'aimerai quoi qu'il arrive et je ne reprendrai pas mon amour. Je t'aime dans ta boue, je t'aime dans ta lèpre, dans ta pauvreté, dans tes manques. Je ne te dis pas : « Éblouis-moi et je t'aimerai », mais : « Je t'aime d'abord ! Tu ne me décourageras jamais de t'aimer. » Dieu est capable de susciter en nous cette qualité d'amour qui ne nous est pas très spontanée.

François d'Assise, Vincent de Paul, l'abbé Pierre ont montré que cette tendresse n'était pas « fleur bleue ». Ce mot *Hesed* revient plus de deux cent quarante fois dans ce que nous appelons l'Ancien Testament !

L'amour-éros est spontané, simple, enivrant. L'amouragapé, l'amour-tendresse, oblige à se décentrer, à « mourir à soi-même » comme dit l'Évangile. La vie à deux est très astreignante. Il faut être très attentif à la réalité de l'autre, à son souhait réel, à sa fatigue, à sa peur de décevoir. Il faut l'aimer tel qu'il est et non tel qu'on le rêve. Rien n'est plus délicat que de tenir compte des fragilités et des blessures d'un être !

Dire que l'avenir est à la tendresse, c'est dire qu'il y a un bel avenir pour ceux qui croient à l'amour. Les jeunes qui y croient ou voudraient y croire n'ont jamais été aussi nombreux.

Vous avez dû vous-mêmes le constater : quand on interroge des gens qui sont d'une grande efficacité dans le monde actuel, aux premières lignes dans le combat contre l'injustice et les sources du mal, ils sont avant tout sensibles à cette dimension d'écoute et de partage. Ils savent que les hommes ont encore plus besoin de reconnaissance de leur dignité que de pain. J'ajoute qu'il ne faut pas se « payer de mots ». Ce n'est pas parce qu'on a prononcé le mot amour que sa réalité va surgir. L'éducation à la tendresse est une longue tâche. D'autant plus qu'il faut toujours se méfier des contrefaçons.

Depuis que Jésus m'a séduit, c'est Sa tendresse qui m'a le plus touché : une tendresse qui sait être dure comme le diamant contre ce qui la tue. Ce qui la tuerait le plus sûrement, ce sont ses ennemis de l'intérieur : la mièvrerie, le ramollissement du cœur, le sourire niais, à la *baba cool*, la concorde à tout prix, le génie de noyer le poisson, l'art de gommer les différences, le faux amour qui dorlote au lieu d'aider à vivre. Le conflit est à mes yeux la plus haute manifestation de la tendresse, car elle est le signe qu'on n'a pas absorbé l'autre... La vraie tendresse, c'est l'amour de l'autre en ce qu'il a d'imparfait. On apprend à aimer comme Dieu, à devenir comme le soleil qui ne pose pas de conditions à la fleur avant de lui offrir chaleur et lumière.

C'est ainsi que Dieu nous aime ?

Oui, j'en suis de plus en plus persuadé.

Ce n'est pourtant pas ce Dieu-là que nous avons appris à connaître lorsque nous étions enfants mais le Dieu du soupçon, le grand punisseur qui guettait nos péchés pour nous les faire payer...

Il m'a fallu, moi aussi, me délivrer des fausses représentations que je m'étais faites de Dieu. Notre Dieu n'est pas le Dieu qui a réponse à tout, le Dieu redresseur de torts, le Dieu dénicheur de coupables, complice de la maladie et de la mort, mais le Dieu de tendresse. Ma vie, c'est de Le crier sur tous les tons, sur tous les toits, dans les pages des quotidiens, dans des assemblées de jeunes. Notre Dieu n'est pas le Dieu-magicien qui pourrait, s'Il le voulait, retenir la lave des volcans ou les vagues des raz de marée, l'extension de la famine ou les bras des tyrans, mais le Dieu qui nous aime passionnément et qui ne cesse de Se chercher des relais pour agir dans le monde. Il veut agir par vous, par moi, Il est à l'affût de ceux qui répondront : « Me voici ». Il a besoin de courroies de transmission.

Il est facile de Le juger et de Le condamner en restant le derrière dans son fauteuil, mais il est infiniment plus noble de relever ses manches et de se mettre au travail. C'est à nous de corriger les injustices de notre monde. Comme Dieu respecte infiniment notre liberté, Il ne nous contraint pas à agir. Mais si tous les cœurs généreux unissaient leurs talents, le malheur et ses causes fondraient comme la neige au soleil. Ce sont les « kamikazes de l'amour » qui permettent à Dieu de montrer Son vrai visage.

Tu as toujours été croyant ?

Bien sûr que non ! Comme tant d'autres, j'ai été, moi aussi, tenté par l'humanisme athée. J'ai été écartelé, tenté de rendre Dieu responsable de tous les malheurs du monde. C'était au temps de ma Philo. J'allais d'un Dieu à l'autre, du Dieu tendresse au dieu teigneux, dénicheur de coupables et qui règle ses comptes avec ses créatures. Je crois que mon pseudo-athéisme n'a été qu'une thérapie pour évacuer les caricatures de Dieu qui traînaient encore dans mon cerveau.

« L'œil était dans la tombe et regardait Caïn ! » Quand j'ai découvert dans la Bible que Dieu avait fait une marque sur Caïn pour qu'il soit protégé et non pour qu'il soit poursuivi, j'ai compris que l'on m'avait « roulé ». Le temps du séminaire a été pour moi un éblouissement. Chaque jour, un pan d'athéisme tombait, comme une vieille peau qui tombe d'un lézard.

Quelle image de Dieu a surgi en toi, après ce grand nettoyage?

Pour moi, Dieu est un Dieu de risques et non un Dieu de sécurité, un Dieu de liberté et non un Dieu de censure, un Dieu d'amour et non de crainte, un Dieu qui donne aux hommes un monde immense à découvrir, à inventorier, à transformer, et non un Dieu qui dit : « Tu n'iras pas plus loin. Je suis jaloux de Mes prérogatives... » Dieu est exactement l'envers de tout ce que l'athéisme a dit sur son compte.

Il y a une parole de Jésus qui me hante : « Si le sel s'affadit, avec quoi peut-on le saler? Il n'est plus bon qu'à être piétiné par les passants. » Quand je vois tous les passants qui piétinent ce sel, je me dis : « C'est vrai ! il s'est affadi. Revenons aux sources. » Je découvre que la fameuse expression « Dieu de crainte », dont on nous a rebattu les oreilles, veut dire tout sauf la peur. Le mot *Yaré* utilisé quatre cent trente-cinq fois dans l'Ancien Testament évoque le frissonnement de l'amour et de l'adoration.

Un tremblement?

Oui, mais un tremblement amoureux. Celui du fiancé qui retrouve sa fiancée après une longue absence.

De cela on a fait la peur?

Oui. J'aurais envie de déposer une plainte contre X à l'égard de ceux qui ont fait de Dieu l'envers de ce qu'Il est. Les athées ont très bien perçu l'affadissement du sel. Ils ont vu des chrétiens qui niaient la vie et ils ont dit : « Dieu est contre la vie » ; c'est le message de Nietzsche. Ils ont vu des chrétiens qui étaient contre le plaisir : c'est leur dieu que rejette Freud. Ils ont vu des chrétiens qui étaient contre le partage des biens et des responsabilités dans la société. Marx s'est emparé de ce constat : on parle de vie éternelle pour se dispenser de la justice ici-bas. Les athées sont à mes yeux d'excellents repères pour voir comment nous avons dénaturé le visage de Dieu. Je n'ai qu'à retourner ce qu'on nous a dit de Dieu pour me trouver sur le chemin du vrai Dieu. On nous disait : « Il est culpabilisant. » Je retourne et cela devient : « Pour Lui, le dernier des derniers est le premier de tous. » On nous dit : « Il limite la créativité humaine et le travail des scientifiques. » Je retourne et je vois un Dieu qui nous offre un univers prodigieux à connaître, à travailler... Je pourrais continuer longtemps. Si je retourne les « négatifs » de Dieu, j'ai des chances de voir apparaître l'image positive ! Je n'ai qu'à plonger le négatif dans le bain de la Révélation et je vais avoir l'image du Dieu véritable !

Dernièrement, une historienne m'a écrit : « J'ai entendu un de vos sermons à la télévision. Vous y parliez d'un Dieu de tendresse, de liberté, de risques. Vous ne pouvez imaginer à quel point ma foi s'en est trouvée transformée. Je ne crois plus comme avant. »

On pourrait dire que les athées sont de meilleurs chrétiens que beaucoup de chrétiens.

Je ne le dirais pas dans ces termes. Je dirais plutôt que l'athée nous aide à purifier notre foi. Plongez votre foi dans Marx, plongez-la dans Freud, dans Nietzsche ou dans Sartre, ce qui va rester sera peut-être fidèle à l'Évangile. S'il ne reste rien, c'est qu'il n'y avait rien. Il y a des gens qui me disent : « Je ne veux pas me faire psychanalyser, j'ai peur de perdre la foi. » Je leur réponds : « Ce n'est pas la foi que vous allez perdre, mais les fioritures que vous aviez mises par-dessus. »

Le Dieu qu'ils se sont fabriqué ! Pourquoi les chrétiens ont-ils donné cette image de Dieu ?

Cela demanderait de traiter d'abord une autre question : « Pourquoi les humains abîment-ils toujours ce qu'ils touchent ? » Quand j'avais vingt-deux ans, j'éclatais de rire parce que je ne comprenais rien à cette phrase que j'avais entendue de la bouche d'Emmanuel Berl : « L'homme abîme tout ce qu'il touche. » Elle me paraissait loufoque. Maintenant, je me dis : « Quelle vérité ! » La tare originelle, ce n'est pas une blague. Jésus demandait aux hommes de bâtir leur morale à la ressemblance de Son amour. Sitôt qu'Il les laissa libres, les humains ont reconstruit Son amour à la ressemblance de leur morale. Il en va toujours ainsi et, bien sûr, le plus pur s'abîme le plus facilement. La neige est belle lorsqu'elle vient de tomber. C'est une splendeur. Mais lorsque les voitures ont roulé sur elle, la neige des grandes villes devient d'une laideur repoussante.

Donc, si tu t'es fait prêtre, c'est pour faire connaître le vrai visage de Dieu ?

Je suis parti comme des gars ont rejoint le maquis en se disant que cela valait le coup de tout sacrifier. Si on m'avait demandé de renoncer à mes jambes, je l'aurais fait tout de suite. Il y avait en moi un désir plus grand que tout : sauver l'honneur de Dieu, proposer à mes contemporains Son visage adorable. Dieu est merveilleux et on ne peut se détourner de Lui sans mourir. Les hommes ont besoin de Dieu pour vivre et la qualité de leur vie dépend de l'idée qu'ils se font de Lui.

Je pense souvent à une parole de Jean-Baptiste : « L'ami de l'époux ; sa joie est de faire se rencontrer l'époux et l'épouse. Il les met en présence et, lorsque sa mission est accomplie, il se retire en disant : “ Il faut qu'Il prenne la place et que je m'efface. ” » Ce rôle de Jean-Baptiste est mon seul rêve : préparer le chemin du Seigneur, donner aux hommes l'occasion de Le rencontrer... Ensuite je n'ai plus qu'à m'effacer et à m'émerveiller... de loin.

Quand je vois la capacité des jeunes à s'ouvrir à Dieu, à l'Essentiel, et à trouver ainsi la clé de leur vie, je suis heureux : c'est vraiment pour cette mission que j'existe ; être ambassadeur de Dieu.

II.

Enfance, notre capital d'émotions

Pour que tes paroles soient bien comprises, nous avons besoin de savoir d'où tu viens et quel fut ton itinéraire.

Il est redoutable de parler de soi !

Parle-nous de tes parents.

A l'âge de dix-sept ans, en 1917, mon père fit des pieds et des mains pour s'engager parce que son frère était sur le front et qu'il ne pouvait tolérer de rester au lycée de Versailles et de n'avoir d'autre souci que ses études. Il est revenu blessé peu de temps après, métamorphosé, ayant été témoin d'horreurs insoutenables. Il n'était plus le même.

Sa mère était une femme croyante et patriote. Comme on l'était alors. Je me souviens d'avoir vu une lettre dans laquelle elle écrivait à une amie : « Vous n'êtes pas sans savoir que Dieu m'a demandé mon fils Michel » (le frère aîné de mon père). « Si j'accepte de tout mon cœur la volonté du Bon Dieu qui a choisi mon cher petit comme une belle et pure victime pour sauver la France, si je suis fière que mon enfant soit tombé en faisant son devoir, je sais qu'il n'y aura plus de bonheur pour moi dans la vie ! »

Peu après son retour du front, mon père a vu sa mère mourir, ce qui a été pour lui une grande épreuve, d'autant plus que, par tempérament, il était un homme inquiet. La guerre l'ayant empêché de passer son bac, il eut des difficultés professionnelles. En revenant du front, il lui fallut se débrouiller et il commença par être grouillot d'agent de change, ce qui n'était pas très gratifiant.

Il a dû se marier peu après ?

Oui, et la rencontre de mes parents fut une rencontre arrangée. Il en allait souvent ainsi à cette époque : les parents avaient des amis communs qui montaient un véritable petit scénario pour organiser la rencontre des deux fiancés. D'un côté, il y avait mon père qui, disait-on, n'était pas très gai, et de l'autre, ma mère qui sortait d'un amour déçu et qui en restait un peu triste. Cela s'est arrangé très vite. Elle était « montée » à Paris sous prétexte de se changer un peu les idées et de visiter la ville, et on lui a fait rencontrer la famille Rougier. Au premier abord, elle n'a pas trouvé mon père très sympathique, mais sa chambre était belle et le papier peint lui plaisait beaucoup. Elle m'a dit : « Trois jours plus tard, je rentrais dans mon Béarn natal avec une bague au doigt et un homme à aimer. »

C'est un itinéraire qui nous paraît cocasse aujourd'hui, mais cette génération avait profondément le sens du devoir. Le devoir de mes parents a été d'avoir six enfants en sept ans, cinq garçons et une fille. Je suis le cinquième de la série.

Une maladie grave de ma mère lui imposa de « m'exiler » un an et demi chez une nourrice, cinq mois après ma naissance. Le retour tardif de « l'intrus » au milieu d'une tribu bien constituée de quatre frères et d'une sœur me rendit quelque peu hébété. Pour l'enfant arraché à l'odeur de sa mère, à sa douceur, à sa voix, vous ne me ferez pas croire qu'une couveuse ou une nourrice peuvent remplacer cette présence. Il demeure partout en exil. Il transporte avec lui une question : « Ne suis-je pas de trop ? » Mais je n'en suis pas triste. Tout l'art de l'existence est de transformer nos fêlures en chances. N'est-ce pas à partir d'un grain de sable que l'huître compose la plus belle perle ?

Comment voyais-tu ton père ?

De ma petite fenêtre, entre 1942 et 1950, il m'apparaissait comme voué tout entier à sa tâche professionnelle et familiale. Il était absent toute la semaine et rapportait de ses tournées d'inspecteur d'assurances des victuailles nécessaires à notre survie : pommes, noix, jambon, fromage... Notre mère le comparait au pélican qui semble nourrir ses petits de ses entrailles. J'étais très content de ces denrées qu'il rapportait et que l'on économisait, précieusement déposées sur l'étagère d'un cagibi, mais j'étais littéralement angoissé d'avoir à lui montrer mes bulletins scolaires qui étaient toujours « navrants » (selon son expression favorite).

Il avait deux visages. L'un d'humour, l'autre de dramatisation à propos de tout. Il avait l'art de transformer les verres d'eau en tempêtes. Pour échapper à la contagion de son pessimisme et de son anxiété, nous mimions entre nous ses expressions catastrophées : « Ici, tout le monde s'en fout ! C'est effarant ! C'est à qui s'en foutra le plus ! » Mais, le lendemain, il pouvait débarquer dans la chambre où vous receviez un copain, en caleçon, chaussettes et cravate, maigre et blanc comme un poulet déplumé, chantant un air d'opérette ou faisant le clown. Mes copains me répétaient : « Tu as de la chance d'avoir un père aussi décontracté ! »

Lorsqu'il chantait, c'était bon signe. Le chant qui réveille en moi le plus lointain souvenir était une romance de Reda Caire : *Si tu reviens, ne me demande pas pardon...*

J'ai toujours vu mon père comme extraordinairement efficace, enraciné dans une profession qu'il aimait beaucoup et qui exigeait tout de lui. Il a connu une époque qui était pour l'assurance, toutes proportions gardées, ce que l'aéropostale a été pour l'aviation. Une époque héroïque où il lui fallait sillonner la campagne, prendre des trains impossibles, former des agents... Époque très humaine et riche en contacts. Il a été nommé dans plusieurs postes : La Rochelle, Pau, Clermont-Ferrand, Bordeaux. Nous nous sommes installés à Clermont en 1936. J'avais six ans.

Tu y es resté combien de temps?

De l'âge de six ans jusqu'au moment où je suis parti faire mon service militaire. J'y passais environ les deux tiers de mon temps et l'autre tiers à Saint-Jean-de-Luz. De temps en temps, pour soulager ma mère, qui avait trop de monde à la maison, mon grand-père lui disait : « Je te prends Stani. » J'ai passé chez lui notamment une année extraordinaire lorsque j'étais en quatrième avec ma sœur Madeleine qui était alors en troisième.

Tu nous as dit : « Lorsque j'arrive dans le Béarn, je sens mes racines. »

J'ai passé les six premières années de ma vie près de Pau, dans un très bel endroit qui s'appelle « La Vallée heureuse ». J'en ai gardé des souvenirs intenses. Il y avait une belle petite rivière où nous allions pêcher des écrevisses et, dans le jardin, un chêne immense qui, l'été, grouillait de capricornes dont la démarche et les cornes me fascinaient. Nous devions souvent ramasser les mauvaises herbes et, si nous en avions un tas assez gros, nous recevions une orange. Ce sont pour moi des souvenirs tout à fait magiques.

Tu sembles avoir été très tôt en contact étroit avec la nature.

Mon grand-père était amoureux de la nature. Il a eu des ruches, des poules, des lapins... A Saint-Jean-de-Luz, la moitié de notre maison était occupée par mon grand-père et l'autre par un métayer. Je travaillais volontiers avec ce dernier pour nourrir les bêtes, traire les vaches, scier le bois...

Cela a été pour moi une époque très heureuse. Les animaux sont des révélateurs d'une autre dimension. Dieu nous parle de Lui à travers eux.

Tu étais à Saint-Jean-de-Luz : est-ce que la mer a joué un grand rôle dans ta vie ?

C'est drôle, je me suis demandé un instant si tu voulais parler de la mer ou de la mère ! Oui, la mer a joué un grand rôle, surtout lors de mon adolescence. Je venais de vivre un amour d'enfant avec une jeune fille que j'avais connue dans ma classe de quatrième, un amour malheureux, et j'aimais aller, par romantisme, chanter mon amour blessé sur les falaises de Saint-Jean-de-Luz en regardant les vagues. Il y avait une symbiose entre le mugissement de la mer et mon mugissement intérieur. L'océan me parlait de mon amour et de cette douleur dont je n'aurais voulu me départir à aucun prix.

Et les rivières aussi peut-être?

J'ai vécu avec mon plus jeune frère des descentes en kayak qui nous ont laissé des souvenirs fabuleux. Des moments d'un bonheur très intense. Nous aimions nous identifier à des Indiens descendant l'Orénoque. C'était l'aventure.

Grâce à ce contact avec la nature, as-tu connu ces moments que Graf Dürckheim, après Jung, qualifie de « numineux » ?

Je crois que ce fut là ma première religion. Je vivais de réels moments d'extase, lorsque j'étais couché dans l'herbe en train de faire sortir un petit grillon de son trou ou lorsque j'entendais la musique des abeilles qui bourdonnaient dans la prairie. Il y avait aussi les vilaines buses qui guettaient les poussins... J'aimais m'isoler dans cette nature silencieuse et calme. La villa de mon grand-père se trouvait à trois kilomètres de Saint-Jean-de-Luz. Nous étions en grande connivence avec les paysans du coin. Nos voisins étaient des agriculteurs et je vivais avec leurs enfants, gardant les vaches avec eux, montant sur les chars à bœufs, participant à la rentrée des foins et au dépouillement du maïs tout en chantant de très beaux chants basques. J'ai appris à aimer ce terroir avec ses chants, ses histoires, ses traditions.

Ma religion était celle du Dieu qui Se cachait derrière le mystère de la vie. Il me fascinait par Sa puissance. Quand j'avais neuf ans, une boule de foudre est entrée par la fenêtre de ma chambre, a explosé dans la pièce, envoyé valser une cloison dont il n'est strictement rien resté. Je me suis rendormi bien sagement, en me demandant ce qui était arrivé et si je n'étais pas mort. Je me disais : « Le Dieu qui est derrière tout cela, Il a les moyens ! » Dieu était beauté et puissance.

Je me souviens d'une soirée enchantée. Une femme au piano jouait du Chopin et, tout près de moi, était assise une amie de classe dont j'étais amoureux et que je regardais avec ravissement. Je ressentais comme un privilège fantastique le fait d'avoir été invité à participer à l'existence et je me souviens de m'être dit : « Je suis pris dans une aventure prodigieuse ! » Ce n'était pas conceptualisé mais ressenti très fortement.

Quelles étaient tes relations avec tes frères ?

Il y avait une complicité totale entre nous et nous faisions beaucoup de blagues ensemble. Même nos disputes étaient une façon de nous aimer. Lorsque mes grands frères voulaient aller au cinéma en douce, ils m'attachaient une corde au poignet et la laissaient pendre dans la ruelle. Ils la tiraient lorsqu'ils voulaient rentrer. Au moment où j'ouvrais la porte, ahuri d'être tiré de mon sommeil, ils me disaient : « Si tu parles, on te casse la gueule ! »

Pendant les vacances, nous vivions des aventures superbes, nous faisions des cabanes dans les bois, nous nous bombardions en nous envoyant des pommes sauvages enfilées dans des perches et que nous lancions par giclées. C'était fantastique ! Nous ne nous sommes jamais ennuyés une seconde dans ce que nous considérions comme des épopées.

N'as-tu pas ressenti de rejet ?

J'ai eu un peu de mal à consentir à ma différence ou plutôt à revendiquer cette différence comme une grâce, un privilège. Peut-être me suis-je constitué dans mon adolescence une certaine mentalité d'incompris ou de souffre-douleur. J'entends encore ma mère dire à mes frères : « Ne mécanisez pas votre frère ! »

Pourrais-tu nous raconter, par exemple, une de tes souffrances d'enfant ?

Un jour, nous étions en visite chez des cousins. J'avais treize ans. Je jouais à je ne sais quel jeu de l'oie avec une cousine d'un ou deux ans de moins que moi. Elle me posa la question :

« Tu crois, toi, que les enfants naissent dans les choux ?

— Mais non, ils viennent du ventre de leur mère.

— Comment tu le sais ?
— Je l'ai vu dans le dictionnaire ! »

En effet, mon camarade Charles avait trouvé dans la bibliothèque de son père un énorme livre d'obstétrique avec de nombreuses planches détaillées sur les différentes étapes de la gestation d'un embryon humain. Je n'évoquais pas le rôle du père, n'en connaissant rien.

Une semaine plus tard, le drame éclata. Je comparus devant un « tribunal » d'adultes : oncle, tante, grand-père et quelques autres. Je sentais que mon crime serait sans rémission, sans circonstances atténuantes. Ces visages accablés, ces yeux noirs de colère, c'était réellement contre moi et contre mon « forfait ». En quittant le salon, mon grand-père pressait le pas, sa voix s'enflait : « Animal malfaisant ! Sinistre individu ! » Je ne comprenais pas et je n'ai toujours pas compris. J'avais trouvé tellement beau que les enfants puissent éclore dans ce nid unique au monde. Sept ans plus tard, dans une lettre de quinze pages, enhardi par douze mois de séparation et sept mille kilomètres de distance, je demandai à mon grand-père de m'expliquer... Dans sa réponse, il parla de tout sauf de ce sujet.

Avec ton père, comment cela se passait-il?

Mon père était perfectionniste et j'avais le sentiment que son amour m'était donné en proportion de mes résultats scolaires et de mes qualités. Il avait parfois un mouvement d'affection qui l'amenait à me prendre sur ses genoux en me disant : « Mon petit Stanouche », mais très vite, il me disait : « Va te laver les oreilles » ou, « Quel dommage que tu sois si cossard ! » Je ressentais très douloureusement cette différence entre le fils qu'il aurait aimé avoir et celui qu'il avait réellement.

Comme j'avais un frère aîné qui était parfait en tout, il y avait là un repère. Mes résultats scolaires étaient alarmants. Mon père me menaçait : « Si tu ne fais pas d'efforts, nous n'allons pas continuer à te payer ta scolarité. Tu partiras en apprentissage chez un charcutier. »

Dans quel genre d'école allais-tu ? Dans le privé ou le public ?

École communale, école libre, lycée. Dans l'école catholique, j'avais le sentiment que les hommes en soutane trouvaient auprès de Dieu la force de me tirer l'oreille. Cela ne m'aidait pas tellement à avoir envie de connaître ce Dieu-là. Pour moi, leur sévérité n'était pas le témoignage d'un Dieu de tendresse, mais d'un Dieu de rigueur. Je ne leur en veux pas, cela faisait partie de la pédagogie et de la théologie de cette époque. Un Dieu qui nous disait : « Vous serez parfaits et Je ne vous laisse pas beaucoup de temps pour y arriver. » Cette perfection n'avait rien à voir avec l'amour. Dans le lycée d'État, c'était la même ambiance, la sévérité de Dieu en moins !

Dans notre enfance, nous avions le sentiment d'un Dieu espion qui nous guettait et attendait la première faute pour nous frapper.

C'est aussi comme ça que Jean-Paul Sartre le raconte dans *Les Mots :* « J'avais brûlé un petit tapis de mon grand-père, j'avais peur de la sanction, j'ai camouflé les traces de mon forfait et je me disais : ce n'est pas la peine, Dieu me voit. J'étais une cible vivante. » Cette phrase que je cite de mémoire est impressionnante et il est vrai qu'en certains cas, appeler Dieu « Père » peut être un piège. Il faut épurer le mot père de tout ce qu'il peut porter d'expériences limitées.

On pourrait ajouter le mot « Mère »...

Il le faudrait. Il est vrai que ma mère était plus douce. Mon père était la loi, la rigueur. Il avait ses domaines tabous : l'ordre, la propreté, l'exactitude, la précision, la rapidité dans l'exécution des ordres, le travail... Dans tous ces domaines, il était lui-même parfait. Je crois que c'était un homme qui recherchait des sécurités. L'insécurité l'angoissait.

A vingt-cinq ans, seulement, je me suis senti capable de comprendre cet homme. Je le vénérais pour toutes ses qualités qui me manquaient. Je l'estimais pour l'éducation qu'il m'avait inculquée : l'attention aux autres, la générosité. Je le retrouvais dans mes propres défauts : l'angoisse, la dramatisation, la démesure.

Je vois en lui un petit garçon blessé trop tôt par l'envers du monde : la guerre hideuse, les tranchées, la boue, les copains massacrés, un frère qui s'y fait tuer, une mère qui en meurt. Je le vois essayant de prendre son indépendance à l'égard d'un père très vite remarié. Je le vois marié dans une combinaison de famille à famille sans qu'il ait le temps de faire ouf ! Je le vois affublé de six enfants au bout de sept ans de mariage, lui qui avait horreur des pleurs, des cris et autres enfantillages. Il a vu à quel point la vie était difficile et qu'on ne déroulait pas un tapis rouge sous ses pieds en lui disant : « Heureusement que vous arrivez, cher Monsieur. » Il voulait peut-être éviter cela à ses enfants. Moi, je ne comprenais pas ce qui m'arrivait. Je me disais : « En classe, on me traite de pauvre crétin et c'est à peu près la même chose à la maison. J'ai dû tirer un mauvais numéro à la loterie. Je suis condamné à me faire un petit destin de corniaud et à le vivre au jour le jour. » Mon père disait souvent : « Le je-m'en-foutisme de ce gosse me navre. » J'étais vraiment très triste de le « navrer » !

As-tu une idée de la raison pour laquelle tu travaillais si mal ?

J'étais un manuel, porté sur le concret et, en ce sens, le scoutisme m'a beaucoup aidé. Il m'a éveillé. C'était faire la cuisine avec des moyens de fortune, soigner le matériel de camp, recoudre la tente, faire un relevé panoramique, tracer une carte. Avec les camarades de ma patrouille j'avais même créé un journal. Dans le concret, je me débrouillais très bien, mais ce qui était abstraction, chiffres, grammaire, déclinaisons, ce qui n'avait pas un impact pratique immédiat, cela passait loin au-dessus de moi.

J'ai retrouvé une lettre de mon grand-père, dans laquelle il me disait : « Quand tu avais cinq ans, j'ai essayé de t'apprendre à lire, mais tu étais ailleurs et cela me mettait dans des états violents. » Mon grand-père était un homme admirable et je le vénérais, mais il n'était pas pédagogue. Il a essayé de m'enseigner la langue allemande et les maths mais, dans ces deux domaines, j'ai toujours été nul. A l'école, je ressentais l'ennui. Effectivement, j'étais ailleurs... On nous faisait apprendre les départements par cœur avec les préfectures et les sous-préfectures. Cela ne correspondait à rien. Si on nous avait fait jouer avec un puzzle dont chaque pièce aurait été un département, cela aurait été un bonheur pour moi de les mettre les uns à côté des autres et, du même coup, d'apprendre ce qu'on voulait me mettre dans la tête.

Lorsqu'on demandait au jeune Mozart de jouer du piano, il répondait : « Dis-moi d'abord que tu m'aimes. » Moi aussi, je fonctionnais à l'amour. Aimé, j'avais des ailes. Non aimé, je fanais sur place. Malheureusement, j'entendais : « Espèce d'idiot ! Pauvre âne ! » Alors je me refermais.

Et ton père devait sûrement avoir de très bonnes intentions.

De magnifiques intentions ! Mais il plaçait la barre trop haut pour moi. Je crois que j'ai intériorisé la loi paternelle. Il existe vraiment, ce fameux surmoi dont parle Freud. Pendant toute une partie de mon adolescence, j'ai voulu me donner un idéal ascétique et volontariste. J'aurais dû découvrir que la réalisation de soi vient d'un accueil à la grâce, au travail de Dieu en nous. Mais qui m'aurait donné cette idée ?

Tu as subi la loi du père.

La loi d'un père qui existait fortement. Je sais qu'un enfant devient amoureux de sa mère. Le père est alors perçu comme un rival. Cela m'intéresserait de savoir comment j'ai vécu cela... Mon père était un tendre contrarié. Il s'amusait parfois avec nous, nous prenait le bras, le tordait par-derrière et exigeait que nous disions : « Mon petit papa chéri, je t'aime et je t'adore, je t'obéirai au doigt et à l'œil, je ne te ferai plus jamais enrager... » Si on ne répétait pas après lui, il nous tordait le bras plus fort. Pour rire, bien sûr, c'était là un moment merveilleux !... Ses rares lettres se terminaient toujours par « Tendresses ». Ce mot était devenu pour moi une sorte de mot de passe... Je vois en mon père un homme rebelle.

Comment était-il en dehors de la famille ?

Il était extrêmement drôle et de très bonne compagnie. Il n'avait pas son pareil pour faire des ronds avec la fumée d'une cigarette et une enveloppe. Ses gags et ses bonnes histoires étaient réservés à un public extérieur à la famille. En famille, il y avait des moments où il ne fallait pas badiner. « Comment est papa en ce moment ? », voilà une question que nous nous posions souvent pour savoir sur quel registre nous devions nous situer.

Mon père, je l'ai énormément aimé et craint en même temps. Je me rends compte aujourd'hui que j'aurais dû avoir plus de recul par rapport à ses positions. C'est d'ailleurs ce que je me suis permis, lorsque je suis parti au service militaire. Il était évident pour moi que je n'entrerais pas dans le « service armé » mais dans le « service de Santé ». En cas de conflit, je m'engageais à servir sur un champ de bataille et je risquerais autant ma vie en ramassant des blessés qu'en maniant le fusil. Mon père, qui avait voulu que je suive un « peloton » pour devenir élève-officier, trouvait mon attitude proprement scandaleuse. J'ai maintenu ma position. Je me souviens d'une lettre où je lui disais : « Papa, laisse-moi de toi le souvenir d'un homme qui a donné à ses enfants la liberté d'accomplir leur destin. » Si je m'étais incliné pour lui faire plaisir, je crois que j'aurais été infidèle à ma conscience. Je suis heureux d'avoir tenu bon.

Avant le service militaire, avais-tu déjà secoué le joug ?

A dix-huit ans, je suis parti en auto-stop tout seul jusqu'au cap Nord, faisant à peu près neuf mille kilomètres avec de l'argent qui correspondrait aujourd'hui à six ou sept francs par jour pour ma nourriture : un quignon de pain, un litre de lait, un fruit. De temps en temps, j'étais invité pour un repas par des gens qui me prenaient en stop. A cette époque, la majorité étant à vingt et un ans, il m'avait fallu une autorisation pour avoir un passeport. Je l'avais obtenue de mon père en lui racontant que je m'étais inscrit à un camp scout en Norvège.

C'était un mensonge, bien sûr. Lorsque je suis rentré, j'ai avoué la vérité. Au lieu de me faire des reproches, mon père a été fier de moi. Il disait à ses amis : « Vous ne savez pas ce qu'a fait mon fils ? » J'étais très flatté.

L'année précédente, j'avais été embauché comme interprète au rassemblement scout de 1947. J'avais dix-sept ans à peine et mon père avait été impressionné que je puisse, par mes propres moyens et à cet âge-là, être accepté pour une responsabilité importante. J'étais interprète en langue anglaise pour la délégation de Birmanie. Je venais d'apprendre l'anglais dans ce but précis. Je n'ai pas été un très bon interprète parce que je n'avais pas beaucoup de vocabulaire, mais je me suis tout de même débrouillé. J'ai senti à mon retour que le regard de mon père changeait sur moi : « Mon fils n'est peut-être pas aussi crétin que je le croyais. »

Et qu'en est-il de ta mère ?

Ce qui est significatif, à mes yeux, c'est sa position religieuse qui me paraissait imprégnée de résignation : « Dieu nous a mis sur terre pour souffrir et il nous faut y consentir... » Mais c'était aussi une femme d'un tempérament très heureux. Elle ne se refusait pas au bonheur. J'ai des souvenirs radieux de ma mère. J'ai reçu d'elle cette sensibilité à toutes les traces de beauté qu'il peut y avoir dans le monde. Cela n'a pas de prix ! Je lui dois le meilleur de moi-même.

Quand je pense à ma mère, je me souviens surtout de ces marches en montagne, de ces chansons, de ces cueillettes de fleurs, de l'odeur des étables lorsque nous dormions dans des granges pour repartir le lendemain. Ma mère s'est occupée exclusivement de ses six enfants. Elle était à plein temps à la maison et son affection n'allait pas jusqu'à nous accorder des passe-droits. Elle était la déléguée de la rigueur paternelle et elle savait la maintenir. Il y avait souvent une sanction assortie aux reproches : c'était de quitter la table sans dessert. Ce n'était pas le fait d'être privé de dessert qui était douloureux, mais l'humiliation, l'impression de rejet.

Ma mère était très exigeante, elle aussi. Je me rappelle encore le jour où elle m'avait posé sur le dos un cataplasme à la teinture d'iode. Je lui demandai de le retirer : « Petit douillet, va ! » a-t-elle répliqué ironiquement. Au moment où elle l'a retiré, la peau est venue avec. Toute la peau du dos ! Ma mère ne nous dorlotait pas, mais la relation que j'avais avec elle dans les moments où j'étais malade était une relation forte. J'ai gardé le souvenir d'une scarlatine que j'ai eue à seize ans et au cours de laquelle elle s'est énormément occupée de moi. Lorsque j'allais bien, je sentais moins fortement sa présence. Je comprends aujourd'hui que son amour était forcément réparti sur tous ses enfants. Nous sommes tous boulimiques en amour. Il y a des moments que j'ai peut-être mal vécus à cause d'une demande de ma part excessive. Par exemple, un jour, ma mère m'a accompagné à une soirée scoute dans laquelle je faisais un petit numéro et elle est partie avant que je n'entre en scène. J'avais quatorze ans et j'ai été déçu. Nos enfances sont remplies de frustrations de ce genre. Grandir, c'est apprendre à gérer ces manques.

J'avais environ quinze ans lorsque nous sommes allés tous les deux voir un film qui racontait la vie d'Henri Dunant, le fondateur de la Croix-Rouge. A la sortie, j'étais ému, j'avais envie de parler. Je me demandais : « Mais comment devient-on Henri Dunant ? » Ma mère, elle, ne parlait que du jeu de l'acteur qui avait joué le personnage. Je m'en fichais bien, de l'acteur. J'étais plongé dans une fiction qui était pour moi réelle. Cela m'a tellement marqué que je me suis dit : « La compréhension entre les générations est un rêve impossible. »

Peut-être est-ce pour cela que tu t'occupes des jeunes aujourd'hui ?

Je le crois ! Ce regard rétrospectif sur mes jeunes années me permet d'en prendre conscience. C'est dans l'intensité des émotions de ma propre jeunesse que j'ai puisé le goût insatiable d'épauler les jeunes. Je considère ce passage de la vie comme un temps où l'on fait l'acquisition des ressources de sensibilité et de courage qui vont orienter notre existence tout entière. C'est là que nous amassons notre capital d'aptitude à être heureux. L'enjeu de cette période est fantastique. Si les adultes s'en souvenaient, ils aideraient davantage les jeunes.

Tu as en toi une grande capacité de bonheur...

Je crois qu'il y avait en mes frères et en moi un désir fou de ne rien laisser échapper du bonheur présent, une aptitude à vibrer, à éprouver, à réagir.

Parle-nous de tes relations avec ta sœur.

Avec Madeleine, la seule fille de la famille, j'ai vécu des moments absolument privilégiés. J'admirais sa façon de défendre son territoire. Nous allions souvent tous les deux chez notre grand-père, et il y avait beaucoup d'intimité entre nous, chacun se réservant cependant son jardin secret. Encore aujourd'hui, il nous arrive de chanter ensemble comme autrefois...

Parle-nous de ton dernier frère.

Il a un an de moins que moi. D'ailleurs, nous nous suivons tous d'un an. Alain est certainement celui dont j'ai été le plus proche. J'ai partagé la même chambre que lui jusqu'en terminale. Il y a eu entre nous des rivalités de territoire... Il était très moqueur. Un jour, je lui avais servi un topo philosophique sur le flirt. Peu après, au cours d'une soirée, il a ameuté la population et a proclamé : « Mesdemoiselles, je veux vous raconter ce que m'a dit mon frère Stani, parce que c'est très important pour vous. Venez vous asseoir là... » J'écoutais dans un coin en me disant : « Ça y est, ça va être ma fête. » En effet, il ne m'a pas raté. Il avait des talents réels de comédien. Nous étions toujours ensemble et nous avons vécu presque tous nos loisirs en commun dès notre petite enfance. Lorsque nous avions douze ou treize ans, nous allions chez des copains qui avaient des poneys Shetland. Nous allions nous balader à travers le pays basque. Nous avons eu une jeunesse merveilleuse parce que nous n'avons pas été cajolés.

Et puis j'ai vécu des rencontres extraordinaires. Celle par exemple de mon chef de troupe chez les scouts, un étudiant en médecine de vingt-deux ans qui était un type prestigieux. J'ai rarement vu, pendant mon enfance, un homme aussi digne d'être suivi et aimé. Il est devenu plus tard le directeur d'une importante clinique psychiatrique. Un grand toubib. Nous sommes encore amis. Oui, lorsque je repense à mon enfance, j'ai le sentiment d'avoir été comblé par une ambiance exigeante qui nous obligeait à grandir. Grandir était pour nous la seule porte de sortie.

Comment as-tu vécu la guerre ?

Voici une brassée de souvenirs en vrac : je revois, en 1939, des Polonais quittant le port de Saint-Jean-de-Luz. Je revois les armées allemandes arrivant dans cette ville en chantant à plusieurs voix avec une discipline incroyable. La maison de mon grand-père, qui devait avoir quinze pièces habitables, a été occupée tout entière. Je revois ces soldats qui avaient l'air de se la couler douce. J'avais un copain de classe pro-Allemands ; il me racontait des tas d'horreurs sur les Anglais. Un jour, nous nous sommes bagarrés parce que je n'étais évidemment pas d'accord avec lui. Comme nous étions très costauds tous les deux, il a fallu qu'on nous sépare et nous étions dans un mauvais état. Je me suis fait enguirlander alors que j'avais le sentiment d'avoir raison ! J'avais des idées, j'étais prêt à me battre pour elles, c'était l'éveil de ma conscience que l'on sanctionnait, à contretemps.

J'ai connu des moments grisants, surtout quand j'allais avec mon grand-père, dans notre Béarn. Nous passions la ligne de démarcation en catimini, de nuit, en marchant à quatre pattes à travers les fourrés dans le petit matin. Il y avait la brume, l'odeur de la rosée. C'était grandiose. Je n'ai jamais eu l'idée d'avoir peur. Une fois, dans le poste de police tenu par les Allemands, voyant une photo d'Hitler, j'ai dit à mon frère qui se trouvait à côté de moi : « Tu as vu ce salaud ! » L'Allemand qui était là a compris et m'a flanqué une gifle.

Vous passiez la ligne pour aller chercher de la nourriture ?

Oui. Ou bien pour revoir des personnes de notre famille, à Sault-de-Navailles.

Vous ne vous êtes jamais fait prendre ?

Heureusement non, mais ce périple avait un goût de risque qui m'enchantait. D'autant plus que je vivais cela avec un homme que je vénérais, mon grand-père maternel.

Parle-nous de lui.

C'était un homme au visage d'une grande noblesse. Colonel en retraite, il était à la fois cultivé et terrien. Il ressemblait au Pierre Blanchar du film *La Symphonie pastorale* et au Pierre Fresnay de *La Grande Illusion.* Lorsqu'il me racontait sa « campagne du Maroc », ses chevaux, la bougie qu'il mettait dans un bol rempli d'eau pour qu'elle ne fonde pas, les scorpions, les réceptions des seigneurs de l'Atlas, tout cela remplissait ma tête de rêves. Il m'emmenait avec sa vieille voiture à travers le Béarn visiter toute une smala d'oncles, de tantes, de cousins et de cousines. Il me conduisait par des sentiers ensoleillés vers de vieilles métairies.

Il y avait un lien très fort entre vous ?

Ce lien aurait pu être beaucoup plus fort. Cet homme était bien plus accessible que je ne le croyais. J'étais bloqué par son rôle de prof de maths et d'allemand. Il m'arrivait aussi de penser qu'il manquait d'humour. Un jour, je suis allé faire réparer un vélo et le marchand de cycles m'a demandé s'il était à moi. Je ne sais pas ce qui m'a pris et j'ai répondu : « Non, c'est celui de Bon-Papa : il est retombé en enfance. » Le réparateur l'a répété à mon grand-père qui m'a fait une scène. Cela n'était pas fait pour nous rapprocher.

Il me faisait rencontrer des êtres extraordinaires. Il rendait de fréquentes visites à une poétesse, Jeanne, et m'emmenait avec lui. Jeanne, quelque peu amoureuse de lui, n'osait pas lui donner les poèmes qu'elle avait composés à son intention. Alors, elle me les lisait. Cet intérêt que l'on me portait me tirait de la grisaille. On ne peut vivre que si l'on existe pour quelqu'un. Elle me faisait réciter ses poèmes ou ceux d'autres auteurs comme son ami Francis Jammes ou José Maria de Heredia. Elle m'installait sur un fauteuil de sa chambre et me disait : « Écoute ça, comme c'est beau ! » Je me sentais très important. Mes moindres commentaires la faisaient rire. « Reviens me voir. Si tu savais comme ta présence me fait du bien. J'ai tant de chagrin avec un de mes fils ! » Elle m'avait prêté un beau livre relié, un livre de morale s'intitulant : *L'Ami*, écrit par le pasteur Wagner. Cette femme était exquise et elle m'adorait.

Mon grand-père était croyant, mais d'une piété qui ne me rejoignait pas. Lorsque j'avais six ou sept ans, il nous faisait parfois « faire la prière du soir » qui se composait d'un *Notre Père* et de je ne sais combien de *Je Vous salue Marie*. Il m'arrivait d'en avoir assez et de m'écrier : « Ainsi soit-il, allez ! »

A Clermont-Ferrand, comment as-tu vécu la guerre ?

J'étais dans une école catholique. Le matin, nous nous rassemblions pour le salut aux couleurs et nous chantions : *Maréchal, nous voilà !* Nous nous précipitions aux abris quand il y avait des bombardements. Nous entendions des bruits formidables. Nous étions tout surpris de nous trouver encore vivants. C'était pour nous une espèce de jeu tandis que les adultes, eux, paniquaient. La guerre, c'étaient surtout les restrictions. Chaque jour, je devais faire la queue pendant des heures pour le pain, le lait, les légumes, le charbon... C'était dur mais j'étais heureux parce qu'on avait besoin de moi. On nous envoyait à vélo à travers la campagne chercher du fromage, du lait ou des œufs. Chacune de ces expéditions faisait naître un sentiment de défi et la satisfaction de rentrer sans avoir été pris.

Te souviens-tu de la Libération ?

C'était l'euphorie ! On nous a fait sortir de l'étude pour chanter *La Marseillaise* dans la cour. J'aurais voulu serrer dans mes bras tous ceux qui m'entouraient. Il m'a fallu me retenir car l'émotivité n'était pas le fort de cette époque-là. Nous passions notre temps à maîtriser nos émotions.

Avec des camarades et mes frères, j'ai passé des heures après le départ des soldats dans les blockhaus du « mur de l'Atlantique ». J'y ai trouvé un manuel du soldat assez impressionnant. Il y avait dedans des documents que mon grand-père nous traduisait. Par exemple : « Après la guerre, il faudra déporter à Madagascar toutes les populations non aryennes. » Nous prenions des grenades, tirions de leurs douilles des obus de marine. Il y avait de quoi faire sauter tout un pâté de maisons. Nous lancions des grenades dans la mer pour voir les poissons flotter le ventre en l'air et quelquefois pour en rapporter à la maison. Nous avons été de vrais trompe-la-mort. Il nous arrivait de dégoupiller des grenades et de les jeter le plus tard possible. Bien sûr, cela s'est mal terminé : un jour, j'ai cassé un percuteur. J'avais dans la main un petit tube de fulminate de mercure. Je l'ai secoué pour le vider et comme il résistait, j'ai tapé dessus avec un galet. Il y a eu une explosion. Je me suis retourné, croyant que c'était mon frère qui avait été touché, mais très vite, j'ai compris que c'était moi. J'ai eu trois doigts déchiquetés. J'aurais pu perdre les yeux. C'est étrange la vie ! Une seconde de sottise peut se payer pendant des dizaines d'années. Ne pas aider les jeunes à faire les bons choix, c'est de la non-assistance à têtes de linottes en danger.

Que s'est-il passé en toi lorsque tu as appris les atrocités des camps de déportation ?

L'horreur ! Et aussi dans ma tête un immense besoin de savoir. Entre seize et vingt ans, j'ai dû dévorer cinq à six bouquins racontant ce qui s'était passé. Cela a fait pour moi partie de la découverte du mal absolu. Le rejet le plus banal contenait un génocide ! Je lisais aussi *La Peste* de Camus, *La*

Condition humaine de Malraux, *La Puissance et la Gloire* de Graham Greene et beaucoup d'autres livres qui me mettaient en face du mal. Moi qui avais eu une enfance protégée, j'ai vécu un peu l'expérience du Bouddha lorsqu'il a quitté le paradis de la jeunesse où on lui avait caché le mal du monde. Subitement, j'ai vu l'envers.

C'était la première fois ?

J'étais très romantique. Je m'abreuvais de Vigny, de Musset. Tous les auteurs du XIXe siècle qu'il me fallait lire pour mes humanités trouvaient en moi une connivence.

Ce n'était pas forcément très sain. « Frappe-toi le cœur, c'est là qu'est le génie. » De telles phrases nous ouvraient à des souffrances de luxe. Personne ne nous donnait l'idée que l'on pouvait changer ce monde dont nous nous répétions sans cesse qu'il était « moche ». Quel Dieu étrange avait fait cela ? Nous pensions : « S'Il existe, Il doit S'expliquer ! »

Ce problème du mal et de la souffrance n'a cessé de me tarauder jusqu'au moment où j'ai trouvé enfin le moyen de sortir de ma passivité à son égard. Un ami m'a dit un jour : « Les détenus du centre de jeunes délinquants de Royat ne peuvent pas sortir parce qu'ils n'ont personne pour les accompagner le dimanche. J'ai vu le directeur : il est d'accord pour embaucher des volontaires. » J'avais dix-sept ans et j'ai accepté, à la fois par amitié pour celui qui me faisait cette proposition, et parce que j'avais envie d'être utile. En voyant ces gamins qui étaient cassés de partout, il m'a été impossible de ne pas être touché en profondeur. Mon entrée dans « le monde de la jeunesse » a commencé là. J'ai consacré à ces jeunes tous mes moments libres jusqu'à mon départ pour le service militaire. Plus tard, je suis revenu dans un centre, mais cette fois comme éducateur salarié.

Comment cela se passait-il ?

Nous étions deux volontaires : cet ami qui avait vingt et un ans et moi qui en avais dix-huit ou dix-neuf. Nous partions dans la nature pour une journée avec une vingtaine de délinquants.

Tu étais très jeune. Cela a dû être dur.

Oui, surtout parce que ces gamins étaient vraiment « fêlés ». Certains se couchaient sur la route et ne se relevaient qu'au tout dernier moment lorsqu'une bagnole arrivait ou bien ils dénichaient des couteaux et s'agressaient réellement. Ils jouaient avec la mort.

Comme toi avec la grenade...

Sans doute. Le défi qu'on lance à la mort, c'est grisant ! « Je ne tiens pas à la vie, donc je joue avec. » J'ai vite compris que ces jeunes étaient ainsi parce qu'ils n'avaient pas été aimés. C'est cela, l'enjeu de l'amour : tu es aimé et tu as des ailes ; tu n'es pas aimé et tu n'as plus envie de vivre. J'ai été touché par ces jeunes garçons qui avaient entre quatorze et dix-huit ans. L'un d'entre eux avait commis un crime en cherchant à protéger sa fuite. Il avait donné un coup de pelle sur la tête d'une femme âgée qu'il venait de dépouiller et qui donnait l'alarme.

Ces rencontres ont laissé des traces en moi. Elles m'ont définitivement sensibilisé à l'univers de ces jeunes paumés, ces êtres qui ont dès le départ manqué de tout, de culture, de parents, de présence, de modèles, de références...

Tu n'as jamais eu envie de les juger ?

Jamais. Même lorsqu'ils étaient très durs. Il m'a souvent fallu faire preuve de patience. Le plus âgé d'entre eux refusait systématiquement tout ce que je lui demandais. Si je lui faisais remarquer que c'était son tour d'aller chercher de l'eau à la fontaine, il répondait : « Va te faire cuire un œuf ! » Je n'ai pas désespéré de lui. Le jour où il est passé au tribunal, le juge a demandé si quelqu'un du centre avait quelque chose à dire sur ce garçon. J'ai plaidé en faveur de son projet qui était de s'engager dans l'armée. A partir de ce jour, lui qui avait toujours été extrêmement désagréable, est devenu plus ouvert. Lorsque j'ai quitté le centre, avant lui, il m'a offert un très beau dessin et j'ai appris qu'il avait passé toute la nuit à le réaliser. Il avait des ressources de cœur que je ne lui connaissais pas. Tout n'était pas fermé en lui. Ses possibilités de gratitude n'étaient pas mortes...

En t'écoutant, nous vient soudain cette question : quand le goût de Dieu s'est-il manifesté chez toi ?

Bonne question ! Prenons les choses dans l'ordre, comme ferait un détective. Première trace de ma relation avec Dieu : une lettre de ma mère à sa mère lorsque j'avais six ans. Je lis : « Pendant la communion d'Yves, le petit Stani était plongé dans le livre que tu lui as offert : *Jésus et moi.* » A six ans déjà, j'avais un livre qui me passionnait et qui s'appelait : *Jésus et moi* !

Deuxième image : ma première communion. J'avais huit ans. J'étais dans un cours privé où il y avait des garçons et des filles. Je peux encore donner les noms de plusieurs d'entre eux et je revois très bien leurs visages. C'était à Notre-Dame du Port à Clermont-Ferrand. De la petite crypte se dégageait un profond mystère. J'avais le sentiment que je ne devais pas être aussi abruti que mes professeurs le disaient puisque Jésus, qui avait l'air d'être une autorité, me rendait visite, à moi.

Plus tard, devenu louveteau, j'ai participé à une séance où l'on mimait cette chanson : *Jésus-Christ s'habille en pauvre, l'aumône va demander.* Il s'agissait d'une dame qui accueillait un pauvre. Elle reconnaissait en lui Jésus-Christ. Ce même pauvre accueillait cette femme au Paradis après sa mort. C'était un peu *L'Auvergnat* de Brassens. J'avais été frappé par ce mime : si tu accueilles l'humilié, c'est Jésus que tu accueilles. C'est extraordinaire ! Dans notre vie, il y a des signes. Il y a ceux qu'on repère et ceux qu'on ne repère pas, ceux qu'on interprète et ceux qu'on n'interprète pas. Ce jour-là, je crois qu'il s'est passé quelque chose de très décisif dans ma vie.

Il y a eu aussi ma promesse scoute : « Sur mon honneur et avec la grâce de Dieu, je m'engage à servir de mon mieux Dieu, l'Église et la patrie, à aider mon prochain en toutes circonstances... » C'était en 1941, j'avais onze ans lorsque j'ai prononcé cette promesse. La loi scoute contenait une autre référence à Dieu : « Le scout voit dans la nature l'œuvre de Dieu. Il aime les plantes et les animaux. » De temps en temps, au retour d'une sortie, les cheftaines nous arrêtaient dans une chapelle pour prier, pour chanter. Nous étions rompus de fatigue et cette halte paisible était un très bon moment.

Lorsque j'ai eu douze ans, je suis allé dans une colonie de vacances au Fayet, dans un immense hôtel désaffecté où nous étions quatre cents enfants de huit à dix-huit ans. Tous les soirs, les prêtres nous rassemblaient pour la prière dans la grande cour. Nous chantions des textes traduits en français sur une musique grégorienne : *Vous nous avez rachetés, ô Dieu de vérité. Sainte Vierge Marie, à vous je me confie...* Sous les étoiles, dans la fraîcheur de la montagne, c'était envoûtant !

Tu ne nous as pas encore parlé de ta communion solennelle.

Je me souviens surtout de la retraite qui l'a précédée à Clermont-Ferrand. C'est un temps fort où l'on se dit : « Il faut que je fasse des sacrifices. » Je n'ai jamais dû autant faire la vaisselle qu'à ce moment-là. Le jour de la communion, une fausse note a gâché la fête. Mes parents m'avaient confié des images pieuses. Pourquoi me les avait-on confiées si ce n'était pas pour que je les distribue ? Bref, j'en ai donné à tous mes copains et en rentrant à la maison, je n'en avais plus. Je me suis fait enguirlander au point que mon souvenir de ce jour a été marqué par cette sensation de n'être qu'un gaffeur. Je croyais que mes parents avaient gardé les images destinées à la famille.

Donc tu n'as pas le souvenir d'avoir reçu Dieu ?

Pas du tout. Ce souvenir a occulté tous les autres. Il y a une photo où l'on me voit avec une espèce d'uniforme noir et un brassard blanc, je fais une tête pas possible.

Et après ta communion solennelle ?

Après, c'est uniquement dans le cadre du scoutisme que j'ai ressenti une présence spirituelle. Il fallait, si l'on voulait obtenir tel badge, avoir accompli un certain nombre de pèlerinages. En Auvergne, je n'avais que l'embarras du choix. Je suis allé à pied à Orcival et, en revenant, je suis passé dire bonjour à mon aumônier scout. J'étais fourbu et j'avais les bras chargés de fleurs. A ce moment-là, j'ai senti que mon aumônier portait sur moi un regard d'immense affection. Jamais je ne me suis senti regardé comme je l'ai été ce jour-là ! Et cela m'était donné par un prêtre ! Je ne peux pas occulter cet événement car il pourrait expliquer le désir que j'ai eu de consacrer ma vie à Dieu sous cette forme-là. Un regard peut suffire pour orienter une vie.

Cet homme a donc eu une grande influence sur toi?

Par son regard plus que par des paroles. Quand il nous parlait, je ne comprenais rien. C'était trop élevé pour moi. « Des perles aux cochons. »

Dans ma « patrouille », il y avait un jeune de deux ans de plus que nous qui avait une dimension religieuse dans le cœur et qui nous la transmettait. Au cours d'un camp de treize jours autour des lacs d'Auvergne, nous avons suivi un « chemin de croix » dans la montagne. Il y avait encore des névés. C'était grandiose ! Tout cela était peut-être vécu davantage sur le mode de la tradition que sur celui d'une grande intimité du cœur. Peut-être y avait-il plus de romantisme que d'amour mais cela a laissé des traces.

Un événement a été important pour moi. C'était l'année de mes quinze ans, l'année où de Gaulle est venu à Clermont-Ferrand avec le roi du Maroc. J'ai regardé le défilé par la fenêtre puis je me suis replongé dans le livre que j'étais en train de lire et dont je devais faire un résumé. Il s'agissait de la vie du père Damien, apôtre des lépreux. J'ai lu ce livre avec intensité, éprouvant comme un appel que je ne savais pas nommer. Comme si j'entendais une « parole intérieure » me disant : « Ce sera ta vie. » En même temps, j'étais saisi d'une trouille épouvantable. Je me disais : « Ce n'est pas possible : on ne peut pas me demander cela ! » J'ai lutté comme un possédé contre cette obsession : « Je ne peux pas Te refuser quelque chose, Dieu, parce que Tu es le plus fort mais je n'ai pas envie de Te donner ce que Tu me réclames. Ne demande pas l'impossible ! »

III.

Naissance d'une vocation

Tu sembles avoir vécu, au cours de ton adolescence, une période de grands tiraillements. Tu te sentais attiré par Dieu. Et, vers la même époque, tu nous as dit que tu étais séduit par l'humanisme athée.

Sont venues les années de Philo. Je dis les années parce qu'il m'a fallu redoubler à cause des sciences et des maths. Je n'ai pas vécu ce redoublement comme une épreuve ou une humiliation, car j'ai été passionné par la philosophie où je me suis révélé assez brillant.

J'ai l'impression en effet qu'elle a été pour moi l'occasion d'un séjour du côté de l'athéisme. En touriste ! J'ai suivi ma seconde année dans un lycée d'État avec un professeur qui était fascinant d'intelligence et qui ne cessait de passer la foi au crible de la critique de Freud, Marx, Nietzsche, Merleau-Ponty et d'autres. J'étais si passionné que les cours ne me suffisaient pas. Je passais des heures à la bibliothèque municipale pour y dévorer les ouvrages de ces philosophes, notamment ceux de Sartre qui était alors au sommet de la gloire. J'ai joué avec l'humanisme athée comme quelqu'un qui joue à se pendre.

Quel dommage que je n'aie pas conservé mes notes de cette époque-là ! Elles me seraient sûrement utiles aujourd'hui pour me mettre dans la peau de ceux qui se disent incroyants. Dans l'humanisme athée, c'était surtout l'humanisme qui m'attirait. Cette foi en l'homme avait été véhiculée par plus de trente siècles de foi religieuse. C'est la Bible qui nous a appris à croire en l'homme.

J'avais des amis incroyants. Je trouvais chez eux une attente, une faim, un questionnement, une curiosité intellectuelle beaucoup plus intenses que chez les croyants. Nous avions des conversations qui pouvaient commencer à dix heures du soir pour se terminer à trois ou quatre heures du matin. J'étais insatiable d'échanges. Je partais avec tel ou tel copain, nous allions planter notre tente dans la nature, nous faisions un petit feu et nous parlions toute la nuit du sens de la vie à la lumière des grands humanistes, Gide, Nietzsche, Malraux, Camus... Oui, j'ai vraiment tâtonné, à cette époque, dans le sillage de ces penseurs.

Au fond de cette expérience athée, il y avait d'une part une angoisse : s'il est vrai que nous marchons vers rien, si la mort est la clé de tout, alors l'homme est, comme l'a dit Sartre, « une passion inutile » mais, d'autre part, je me disais : « Je suis libre. Aucune loi humaine n'existe au-dessus de moi et je n'ai de comptes à rendre de ma vie à personne. » J'étais grisé par cette liberté.

Le Camus de *La Peste* refusant d'aimer une création où les enfants sont torturés, le Sartre des *Mouches* pour qui l'homme n'est plus libre si Dieu existe, le Nietzsche de *Zarathoustra* qui remplace un dolorisme désuet par un grand souffle, voilà quelles furent mes sources favorites.

Camus m'orientait vers la révolte. Une part de moi faisait profession d'athéisme, une autre aspirait de toutes ses forces à une « révélation ». Il y avait peut-être autant de charge religieuse dans ma révolte que dans ma soif. Mon rejet s'adressait à une « caricature » de Dieu. J'ai mis longtemps avant de comprendre qu'une certaine image de Dieu (le Grand Horloger, le Grand Ingénieur...) engendre automatiquement l'insoluble « problème du mal ». Les contrefaçons religieuses portent en germe l'athéisme comme le nuage noir porte la pluie. Pourquoi mes auteurs favoris avaient-ils tous un compte à régler avec la foi ? Ce n'est pas facile pour nos petites têtes de comprendre que Dieu S'est retiré partiellement du monde, qu'Il a laissé à des libertés humaines un pouvoir de sabotage ou de non-assistance. J'ai compris cela plus tard.

Dieu, s'Il existait, me semblait terriblement dérangeant. S'il y avait un Dieu, nous n'étions plus seuls maîtres à bord. L'athéisme nous rendait libres de nous inventer nous-mêmes. Il n'y avait plus de Loi au-dessus de nous. Il n'y avait plus de culpabilité. Nous étions lavés de tout soupçon. C'était tellement cruel d'être toujours « coupables » ! Mais, en contrepartie, dans un univers débarrassé de Dieu, que signifiait cette aventure de la vie ?

Nous avons été déposés, sans préavis et sans consultation, sur un vaisseau-planète, dans l'océan de l'espace. Nous interrogeons : « Qui nous a inventés ? Que signifie ce voyage ? Où allons-nous ? » Quoi ? Il n'y a pas de réponse à nos questions. Il faut courageusement, lucidement, froidement, aménager la vie à bord. Le port vers lequel nous naviguons s'appelle la mort. Et la mort est la disparition de tout, la fin pour celui qui meurt de ce qui l'a tant passionné et à quoi il n'aura rien compris ! Qui peut accepter, de sang-froid, une telle absurdité ?

Donc si, à cette époque, tu as décidé de t'occuper des jeunes délinquants, ce n'était pas pour des raisons religieuses ?

Dans ma tête, pas du tout ! Mais, par bonheur, on n'agit pas qu'avec sa tête ! Je sais aujourd'hui que Dieu m'avait donné rendez-vous dans la souffrance de ces jeunes. Je peux dire comme Jacob après sa nuit et ses songes dans le désert : « Dieu était là et je ne le savais pas. »

Tu n'étais pas le bon chrétien qui se penche sur ses frères ?

J'étais sans doute un garçon qui avait envie d'avoir de l'influence et d'occuper un certain espace. Être pris dans une activité qui semblait utile m'intéressait. Cela me donnait peut-être du prestige. En y allant, je n'ai pas tellement cherché la générosité. Mais Dieu nous attrape par ce qui dépasse !

Ces délinquants, tu les aimais ?

Bien sûr ! Au dortoir, je les regardais s'endormir et je me disais : « Mais ce sont des enfants comme les autres ! Quand je les regarde ainsi, pris par le sommeil, toutes leurs fêlures semblent avoir disparu ! »

Certains fuguaient, surtout lorsque nous avions vécu des moments intenses. Après des veillées particulièrement belles avec des chants, des mimes auprès du feu, plusieurs d'entre eux prenaient la fuite. Ils n'allaient jamais bien loin : très vite, la gendarmerie nous appelait pour nous dire qu'ils étaient retrouvés. Les plus « chanceux » parvenaient jusqu'aux frontières suisse ou italienne.

J'avais beaucoup de joie à parler avec eux, à les écouter, à organiser des parties de foot, à prendre leur défense lorsque les voisins les accusaient d'avoir volé leurs pommes. Je vibrais à l'unisson avec eux, je souffrais avec eux. Un jour, il y en a un qui nous a été amené entre deux gendarmes. Il avait les menottes et il pleurait. J'étais broyé. Je me disais : « Pourquoi prennent-ils un si mauvais départ dans la vie alors que tant de chances m'ont été données ? C'est trop injuste ! » Plus tard, j'ai fréquenté un autre centre à Auxerre. Il y avait un type qui s'appelait Jacky et qui se promenait le dos voûté, ramassant des mégots par terre. Je me suis dit : « Mais c'est un petit vieux de seize ans ! » Je pressentais que, comme celui de tant de ses semblables, son destin serait accablant.

J'entends encore cette avocate dire un jour à l'audience : « Ce sont des enfants qui sont là, mais les vrais coupables sont les adultes qui ont manqué à leur devoir. » J'ai regardé le grand-père qui était dans la salle et qui pleurait.

Moi qui avais été un enfant privilégié, je commençais à découvrir cette dimension qu'on appelait le malheur. A partir de ce moment-là s'est développée l'intuition qui est devenue l'une des lignes de force de ma vie. Si un jeune n'est pas valorisé, regardé avec amour et perçu comme important par des gens solides, une carence se développe en lui qui va laisser des traces ; déprime, manque de confiance en soi :

« Je ne vaux rien, je suis nul » ou bien agressivité tous azimuts contre le monde extérieur : « Le monde est dégueulasse, je vais tout détruire et tout casser pour me venger. »

Pensais-tu, lors de ces premières rencontres, que tu pouvais leur apporter quelque chose ?

J'étais heureux de faire naître un sourire sur un visage figé : un garçon que j'avais pris pour une brute cynique était capable de se souvenir d'un geste sympa et de me le manifester. J'éprouvais une satisfaction à être utile, sans me poser trop de questions.

As-tu eu le sentiment que c'était pour toi le début d'une vocation, que tu allais continuer sur ce chemin ?

A cette époque, je ne voyais pas loin, j'étais incroyablement rivé au moment présent. C'était aussi bien puisqu'il m'a fallu quitter ces jeunes pour aller faire mon service militaire.

A propos de ton service militaire, tu nous as raconté le conflit que tu avais eu avec ton père. Il voulait que tu fasses l'école d'officiers de réserve alors que tu avais décidé d'entrer au service de Santé...

J'ai tenu bon et je suis parti pour le Burkina-Faso (à l'époque, Haute-Volta). Je ne l'ai pas regretté car cette expérience africaine a été l'un des moments les plus importants de ma jeunesse. J'ai commencé par suivre des cours à Dakar avant de partir pour Bobo-Dioulasso où j'ai travaillé comme infirmier.

Constituer le dossier du malade, pratiquer certains examens sous le contrôle de l'infirmière-chef, tout cela n'était pas sorcier. Je n'ai jamais raté une piqûre, même lorsqu'il s'agissait d'intraveineuses difficiles. Parfois, des malades me disaient : « Quand est-ce que vous me la faites, cette intramusculaire ? », alors que l'opération était déjà terminée ! Je leur donnais au moment fatidique un léger coup de poing dont la sensation peu désagréable neutralisait celle, douloureuse, de l'aiguille. Ce que l'on aime vraiment, on apprend à le faire bien. Nettoyer des malades incontinents ne me gênait pas du tout. Je transportais les malades dans mes bras, d'un pavillon à l'autre. Je tenais parfois la main des femmes en train d'accoucher pour apaiser leur panique lorsque cela ne se passait pas bien. Pendant les pannes du groupe électrogène, je devais tenir une lampe électrique au-dessus du champ opératoire. Le médecin et l'infirmière-chef prescrivaient les médicaments. Mon rôle se bornait à les donner en temps utile.

J'avais aussi à accompagner des malades ou des grands blessés à l'hôpital de Bamako ou à celui d'Abidjan. Je me revois à la gare d'Abidjan faisant ouvrir, à la hache, la fenêtre d'un compartiment en bois pour que le blessé puisse être introduit sans que son fémur brisé en quatre endroits ait à subir trop de dommages ou de douleur. C'est en de tels instants que je me sentais le plus vivant, le plus justifié d'exister. Il s'agissait d'un hôpital militaire qui accueillait les civils. J'y habitais et je faisais des heures supplémentaires. Souvent, je demeurais au chevet des malades. Je leur lisais des textes de Léopold S. Senghor ou d'Aimé Césaire, ou d'autres poètes de race noire. La qualité d'écoute des malades retentissait sur moi. Parfois, ma voix se nouait dans ma gorge. C'est là, sans doute, que s'enracine ma vocation à l'écriture. Je découvrais combien ce que l'on nomme « littérature » peut être l'âme d'un peuple. La « vie contemplative », ce n'est pas se prosterner devant Dieu jusqu'à déprécier totalement le monde. C'est découvrir l'épaisseur sacrée du réel le plus apparemment profane, la grandeur de la vie lorsqu'on y lit la trace du passage de Dieu. J'étais fasciné par la beauté des visages lorsqu'ils sont habités par une grande émotion, bouleversé par le pouvoir d'une certaine parole jaillie du fond de l'âme.

L'Afrique a joué un rôle déterminant dans mon évolution spirituelle. J'avais de fréquents échanges avec des amis musulmans. Un jour, par exemple, je conduisais un malade à Bamako et, comme j'avais un moment de libre, je suis allé marcher au bord du Niger. Il y avait là un homme qui sculptait une pirogue. Il m'a emmené chez lui et il s'est mis à parler de Dieu. J'ai passé avec lui un moment extraordinaire. Les musulmans africains parlaient de Dieu comme ils respiraient.

Je dévorais alors *Citadelle* de Saint-Exupéry : « Dieu, je Le reconnais à son absence... » « Et je connus l'ennui qui est d'être privé de Dieu... » Pour moi, l'univers de l'islam et celui de Saint-Ex ne faisaient qu'un. Ce n'était pas du Dieu incarné en Jésus qu'ils parlaient, mais d'un Dieu qui imprègne tout de Sa Présence. Autrement dit, plus on va vers Lui et plus on se rapproche de son propre centre. Et le monde devient cohérent comme cette « citadelle où tous les pas ont un sens. »

Il y avait aussi des chrétiens ?

Bien sûr ! Il y avait même un missionnaire avec qui j'étais en contact et qui m'avait demandé de remettre sur pied une troupe scoute qui ne marchait pas. Elle était constituée d'Européens et les Noirs n'y venaient pas. Cette troupe, je l'ai transformée avec un autre garçon, mais ce sont les Européens qui sont partis. Elle n'était pas très branchée sur la religion parce que ce n'était pas notre fort. Sur le plan de l'ouverture aux jeunes, je m'en suis donné à cœur joie.

Il y avait également une bande d'une quarantaine de jeunes. Nous partions le dimanche pour de longues expéditions, d'abord en camion le plus loin possible, puis à pied dans la savane. Il y avait avec moi un autre animateur, soit un Blanc qui était chef de chantier, soit un Noir nommé Moïse, un apprenti garagiste que j'ai retrouvé en 1964. Il tenait un petit garage et il était très ému de voir que je ne l'avais pas oublié.

Un souvenir me revient : le missionnaire dont j'ai parlé m'a dit un jour : « Tu as une bonne plume et tu t'exprimes bien. Est-ce que tu ne veux pas faire un petit bouquin qui serait une sorte de *vade-mecum* pour aider les jeunes Africains à prendre confiance en eux ? » J'ai rédigé quatre ou cinq pages et j'ai abandonné. Je n'avais pas assez confiance en moi-même. J'ai écrit à la revue *ABC* pour suivre un cours d'écriture mais j'ai laissé tomber le projet en me disant : « Tu veux te lancer dans la littérature. Comme si tu en étais capable ! » Si le missionnaire m'avait encouragé cela aurait tout changé !

Tu doutais de toi à ce point ?

Énormément. La foi a justement été un chemin qui m'a permis de prendre confiance en moi : j'ai eu confiance en moi lorsque j'ai découvert un Dieu qui me faisait confiance.

Ce doute venait de l'enfance ?

On ne peut croire en soi que si d'autres y ont cru avant nous. Je méritais trop peu, à mes yeux, l'estime des autres.

Je ressens Dieu comme Celui qui me dit : « Sois toi-même ! Existe ! » Il y a au chapitre 16 d'Ézéchiel une magnifique parabole où Dieu dit à un avorton de petite fille qu'Il vient de ramasser sur le chemin : « Tu vivras et tu t'épanouiras comme les fleurs des champs. » Ce qu'il y a de plus précieux en nous, c'est nous-mêmes. Il faut laisser grandir l'être unique que nous sommes. S'épanouir comme les fleurs des champs. La rose est une rose, elle n'est pas une marguerite. Sois toi-même ! Il y a aussi une parole au chapitre 30 du Deutéronome : « Ma joie, c'est ton bonheur ! » Dieu nous répète tout au long de la Bible : « J'ai envie que tu existes à plein. » Si j'avais compris ce message plus tôt, j'aurais suivi des cours d'écriture, de chant, de musique, de poterie, de dessin... Le meilleur de moi est resté en friche ! Cela me rappelle une lettre de mon grand-père à ma mère lorsque j'avais treize ans : « Fais faire de la peinture et de la musique à ton cinquième, c'est un artiste ! »

Quand tu es parti faire ton service militaire, tu étais encore séduit par l'humanisme athée ?

Disons que j'étais un apprenti philosophe. Mais j'étais surtout en train de découvrir la poésie à la suite d'une grande amitié que je vivais avec une jeune fille poète. Je me suis jeté dans la poésie à âme perdue, je me prenais pour Rimbaud et je poétisais à longueur de journée.

Qui était donc cette jeune fille ?

L'amie d'une amie de classe. Le premier soir où je suis allé dans cette famille, j'ai dîné avec eux et j'ai parlé avec tout le monde sauf avec Agnès qui est restée le nez dans son assiette. Avant de la quitter, je lui ai dit : « Il paraît que vous écrivez des poèmes. Est-ce que vous pourriez m'en confier ? » Elle m'a donné un cahier de cinquante poèmes. J'ai passé toute la nuit sur ce cahier. Il y eut en moi un déclic, une vertigineuse communication d'âme à âme. Je crois qu'entre le monde féminin et moi, il y avait une immense aimantation. Le yin et le yang ! Appelons cela comme on voudra. Je me disais : « J'ai rencontré mon double. »

L'âme-sœur ?

Oui. Une correspondance formidable a suivi, une amitié amoureuse de ma part et, chez elle, un amour-passion. Cet amour la rendait malheureuse et blessée, mais il en jaillissait des poèmes d'une beauté poignante. Nous n'envisagions pas une seconde...

De vous marier ?

C'était impensable ! A cette époque, j'étais très marqué par *Les Hauts de Hurlevent*, aussi bien par le roman que par le film qui en a été tiré. J'étais ébloui par la magie de l'amour mais je ne concevais pas qu'elle puisse être vécue dans le mariage. J'avais une idée terne du mariage. Pour moi, il ne pouvait qu'éteindre l'amour. De son côté, elle avait une conception assez triste de la vie, le sentiment d'être à la recherche de son âme sans pouvoir la trouver. Elle disait : « Je suis en quête d'auteur. Le Dieu qu'on me propose n'est pas digne de mon adoration. On m'invite à conduire mon petit frère au catéchisme pour qu'il y apprenne le devoir et l'ennui. » Elle se rebiffait contre la religion. Par moments, je me disais qu'elle était trop cérébrale.

Trop lucide ?

Oui. Je la vois comme quelqu'un qui s'est brûlé les ailes à son propre génie.

Comment était-elle physiquement ?

Elle avait quelque chose d'égyptien. Elle était délicate comme les statuettes de Néfertiti. J'avais le sentiment qu'elle ne regardait jamais le réel, mais ce qui était derrière le réel. Dans ce qu'elle disait, dans ce qu'elle faisait, tout était au second degré.

Pendant la première phase de mon service militaire, tandis que j'étais encore à Dakar, elle m'a énormément écrit. « Stani, me disait-elle, trouve-moi du travail à Dakar. Je ne veux plus vivre à Paris. Je suis en train de prendre une mauvaise pente. » Elle voulait tout tenter, faire toutes les expériences. Tout lui était bon de ce qui pouvait la mettre sur la note d'une inspiration poétique.

Elle venait d'entrer dans une troupe de marionnettistes où elle menait un peu une vie de bohème. J'essayai de l'aider, mais je ne pouvais pas faire grand-chose pour elle. A cette époque, j'avais la foi à usage externe. L'un de mes amis, un futur pasteur, m'avait fait cadeau d'une Bible et je tentais de communiquer à Agnès quelques passages dont je pensais qu'ils pourraient lui faire du bien. Elle m'envoyait paître en me disant : « Garde ton bon Dieu, si cela peut te faire plaisir. Je le vois comme un vautour qui va fondre sur moi et me priver de ma liberté. » Elle voulait bien d'un Dieu, mais d'un dieu païen. Celui de Nietzsche lui aurait plu ; Apollon ou Dionysos ! Mais Jésus-Christ, le Dieu crucifié, et son Père, le Tout-Puissant, lui faisaient peur.

Est-ce que le meilleur moyen de l'aider n'aurait pas été de lui proposer de vivre avec elle ?

Je ne sais pas. J'ai écrit à sa mère en lui disant : « Agnès veut venir à Dakar. Qu'en pensez-vous ? Je peux lui trouver une chambre et du travail, mais comment voyez-vous cela ? » Sa mère s'y est opposée. Agnès n'avait que dix-sept ans et il n'était pas question pour moi d'outrepasser l'un des tabous de l'époque. J'étais loin d'avoir l'esprit assez libre pour marcher hors des sentiers battus.

Tu as dû souffrir...

Oui, j'ai eu très mal, et très longtemps ! Surtout pour elle. Lorsque je suis revenu de mon service militaire, au bout d'un an et demi, j'ai essayé de la tirer de là. Un jour, au cours d'une crise de larmes, elle m'a demandé de prier et j'ai commencé à réciter un *Notre Père*, mais elle m'a interrompu en hurlant : « Pourquoi est-ce que moi, je ne peux pas ? » La dimension religieuse lui manquait terriblement. Sans cesse revenait à mon esprit cette phrase de Saint-Exupéry : « Tu reconnais Dieu à Son absence. »

A ce moment-là, n'as-tu pas pensé à l'épouser ?

Il lui arrivait de me dire : « Que pourrait donner un mariage entre deux êtres aussi peu réalistes que nous deux ? » Sa mère m'a protégé en ne la laissant pas venir à Dakar. Je traversais alors une période de grand marasme, de vide complet.

As-tu conservé ses poèmes ?

Bien sûr ! Mais pas tous, malheureusement ! J'avais porté un de ses manuscrits au Seuil où Paul-André Lesort et Jean Cayrol avaient été éblouis. Ils ont publié un livre d'elle : *Les Sauterelles.* Sur la page de garde, elle m'avait écrit cette dédicace :

> « Les vilaines petites filles assises sous le pommier jouent avec le serpent qui leur tient des discours tendres. Si tu passes dans le coin, ne t'assois pas pour entendre. Conduis-les un peu plus loin. Peut-être te suivront-elles vers de plus calmes rivages. »

Agnès qui rejetait Dieu avait l'air de me dire : « Je vais t'indiquer ta vocation : tu aideras les jeunes à ne pas se laisser prendre par les ruses du Malin. »

Elle avait peut-être le don de voir au-delà ?

Dans un de ses poèmes, elle écrivait :

« Un fantôme de toi né de mon seul désir
vide de sang ma vie,
vide de vie le monde.
Avec ton faux visage, comme je t'ai trahi ! »

Il y a là cette impression que cet amour la dévore et qu'au fond il ne s'adressait pas à moi, mais à un être humain mythique qui allait pouvoir lui donner d'exister. Elle m'écrivait un jour : « Qui accepterait de me donner une âme ? »

Elle m'a laissé son journal : tout ce qu'elle a pensé et vécu à l'époque où j'étais à Dakar et où elle était amoureuse.

En testament ?

Comme si elle avait le pressentiment qu'elle allait disparaître, comme si elle voulait que je garde quelque chose d'elle... C'était bien plus qu'un souvenir !

Elle m'a écrit un jour sur une carte postale : « L'existence de Dieu est pour moi une question de vie ou de mort. » Et finalement, c'est l'absence de Dieu qui a, en quelque sorte, fusillé sa vie. Elle a fait naître chez moi une formidable curiosité religieuse. J'ai eu envie de croire encore plus, pour la sauver. J'ai eu d'abord la foi à usage externe. Mes échecs m'ont fait comprendre qu'il me fallait creuser plus loin !

C'est la femme qui éveille.

J'en suis persuadé. Agnès m'a fait comprendre, dans leur sens le plus profond, ces mots de Saint-Exupéry : « On ne voit bien qu'avec le cœur. » Et aussi ceux de saint Augustin : « Seigneur, tu nous as faits pour Toi et notre cœur est sans repos jusqu'à ce qu'il T'ait trouvé. »

En même temps, elle me faisait naître au monde de la poésie. Elle me posait les questions essentielles : qui sommes-nous, d'où venons-nous, où allons-nous ?

Ces questions, elle se les posait à elle-même.

Oui, mais elle n'a pas conclu dans le même sens que moi. Peut-être le Dieu qu'on lui avait présenté était-il exécrable, alors que pour moi, il y avait quand même eu beaucoup de bon grain semé au milieu de l'ivraie !

Comment lui avait-Il été présenté ?

Comme un dieu de censure et de culpabilité. Une grande partie de mon propre apostolat s'est dressé en résistance à cette catéchèse négative. A cette époque, je me suis posé la question : « Est-ce que Dieu ne m'appelle pas à tout Lui donner ? » D'un côté, j'avais « entendu » cet appel, après avoir lu un livre sur le père Damien, apôtre des lépreux : « Tel sera ton destin. » D'un autre côté, il y a eu en moi la souffrance de cette fille qui s'enfonçait dans des sables mouvants et que je ne pouvais retenir. J'avais le sentiment de ne plus avoir la moindre prise sur elle. J'allais me perdre dans son labyrinthe. J'ai eu peur et j'ai pris du recul. L'athéisme n'avait duré que le temps de ma seconde Philo. Je lui avais presque réglé son compte lors de mon séjour africain. Il y avait encore en moi deux personnages. Je pouvais aller à la messe et écrire le même jour un texte démontrant l'inexistence de Dieu. J'étais en pleine confusion, écartelé. J'avais deux images de Dieu dans la tête : le Dieu créateur de beauté, l'Être de tous les êtres, l'Absolu qui attire et fascine au point que j'avais envie de Lui consacrer ma vie pour Le faire connaître. Mais il y avait aussi l'image du dieu teigneux, dénicheur de coupables, le dieu qui veut régler ses comptes avec ses créatures et cela me poussait vers l'athéisme.

Comment es-tu sorti de ce dilemme ?

En grande partie grâce au père Philippe Maillard [1] que j'ai rencontré après mon retour d'Afrique, dans un camp qu'il avait organisé près de Tignes. J'avais vingt-deux ans. L'un de mes frères et ma sœur m'avaient dit beaucoup de bien

1. Philippe Maillard, père dominicain, fut l'animateur du Centre international de la Sainte-Baume. Il est l'auteur de *L'Évangile aux voyous*.

d'un camp semblable auquel ils avaient participé. Ce qui m'a le plus enthousiasmé, c'est que, tous les soirs, le père Maillard nous faisait un petit commentaire d'une page de l'Évangile. Un jour, il avait commencé par nous lire un texte de Kafka. Il nous avait parlé de cette angoisse que le jeune Kafka ressentait à l'égard de son père. Tout de suite après, il nous avait lu et commenté la parabole de l'enfant prodigue qui met en scène un père aux antipodes de ce père-là. L'un était pointilleux, hargneux, sévère, empêchant son fils de s'exprimer et de se réaliser. L'autre était d'une tendresse et d'une miséricorde telles que son fils se sentait accueilli et aimé même après avoir fugué. J'ai été ébloui par le contraste. Le père Maillard avait le don de sensibiliser son auditoire en partant d'une donnée littéraire et humaine. Tout ce qu'il disait était empreint de beauté et je donnerais cher pour retrouver ses commentaires dans leur fraîcheur d'alors. En l'écoutant, j'avais l'impression que mon âme s'éveillait.

Que faisiez-vous dans la journée ?

Nous partions souvent vers trois ou quatre heures du matin pour marcher vers les sommets, faire l'ascension de la Grande Casse, de la Grande Motte, de la Tsanteleina ou des aiguilles de la Vanoise. Nous nous mettions en cordée, mais je n'ai jamais eu la moindre impression de difficulté. Ni dans les parois rocheuses, ni dans les glaciers. Je grimpais comme un cabri.

Revenons au père Maillard. Tu as pu parler avec lui en profondeur ?

Pas tellement. Il me voyait toujours lire *Citadelle* de Saint-Ex. Un jour, il m'a demandé : « Est-ce que tu as lu la Bible ? » J'ai répondu que non et il s'est exclamé : « Tu verras : quand tu auras lu la Bible, *Citadelle* sera pour toi bien fade. » Je lui ai répondu que je ne lirais pas de sitôt la Bible. Philippe a joué un rôle important pour ma vocation. Il faisait disparaître l'idée de Dieu trop sévère que j'avais dans la tête pour y substituer le Christ libérateur et passionné de l'homme.

La personnalité de Philippe Maillard était en elle-même un enseignement. C'était un grand vivant. Il était pour moi l'antidote aux soupçons des athées. Il était amoureux de la vie, humain, libre. On ne pouvait plus me dire que la religion déshumanisait ou enfermait l'homme. Avec lui, la tendresse de Dieu devenait palpable, éclatante.

Donc si tu étais travaillé par l'idée de devenir prêtre, ce camp avec Philippe Maillard a dû te donner un sérieux coup de fouet.

Bien sûr ! L'autre modèle de prêtre que j'ai eu était Victor Bogros, l'aumônier scout de Clermont-Ferrand dont je vous ai déjà parlé. Il y a donc eu au moins deux prêtres dans ma jeunesse.

Je trouve que tu t'es décidé très vite à devenir prêtre.

Est-ce que j'avais suffisamment réfléchi ? J'aurais voulu, avant de me décider, bourlinguer trois ans autour du monde en faisant des boulots ici ou là pour assurer ma subsistance. J'avais une démangeaison de globe-trotter, que j'ai assouvie par la suite en faisant trente-six voyages. Quand je parlais de ça, mes parents disaient qu'il n'en était pas question. « Est-ce que tu ne peux pas faire comme tout le monde ? Quand tu rentreras et que tu voudras faire des études, qui les paiera ? »

Et tu t'es laissé faire ?

J'ai dû manquer un peu de personnalité. Je suis incapable de savoir ce que je serais devenu si j'avais suivi mon inspiration. Une fois au séminaire, je n'ai plus eu de regrets. Je me souviens de m'être dit : « Ça y est ! Je le sais, le but de ma vie va être désormais de faire connaître ce Dieu tellement merveilleux. »

Et maintenant il va me falloir revivre avec vous le long chemin qui va des premiers balbutiements de ma vocation jusqu'au jour de mon ordination. Ce sont des années semées d'obstacles, de contradictions, de souffrances.

IV.

A quelle étoile accrocher ma vie ?

Comment se sont passées tes années de séminaire ?

Je suis d'abord resté deux années au séminaire international d'Issy-les-Moulineaux. Au cours de la seconde année, j'ai éprouvé mes premières vraies difficultés. Je me disais : mes études me plaisent. Elles ne me posent pas de problèmes sur le plan intellectuel, mais elles sont en train de me couper de la vie concrète, du monde des humains et, d'autre part, elles ne me donnent pas la capacité de rejoindre Dieu, parce que la part de prière est trop faible dans notre vie.

J'avais le sentiment d'être dans une sorte de *no man's land* où je ne pouvais rejoindre ni Dieu, ni mes frères humains. Mon désarroi est devenu tel que je suis allé trouver mon supérieur pour lui dire à peu près ceci : « J'éprouve le besoin de vivre une année de vie mystique, dans le désert, au sein d'un ordre contemplatif. Je voudrais demander aux Petits Frères de Foucauld de m'accepter pour un an dans leur noviciat, même si par la suite je ne dois pas continuer avec eux. J'aspire à un silence total, à m'enraciner en Dieu dans la prière et à ne faire que cela. Je n'ai pas rejoint Dieu au séminaire. J'ai appris des choses sur Lui, je me suis émerveillé sur Lui et sur la Bible, mais je voudrais m'arrêter de L'analyser pour enfin Le rencontrer. »

Vivre au cœur à cœur avec Lui ?

C'est cela. J'étais comme un fiancé qui, fatigué de faire des études sur la psychologie de la femme, voudrait enfin passer un peu de temps avec celle qu'il aime. J'en avais assez de faire des études sur Dieu. Il me fallait à tout prix m'immerger dans la contemplation.

Les Petits Frères de Foucauld ne m'ont pas dit oui. Ils ont dû se demander qui était ce type bizarre qui voulait seulement passer un an avec eux. Si j'avais eu plus de confiance en moi, j'aurais trouvé le moyen d'aller vivre à l'Asekrem avec le frère Jean-Marie. Encore aujourd'hui, je regrette très profondément de ne l'avoir pas fait. Rien n'est plus vital que l'enracinement dans la vie contemplative. Dieu n'est pas au bout d'une accumulation de connaissances. C'est par l'émerveillement qu'on le rejoint !

J'en étais là lorsque mon conseiller spirituel m'a fait cette suggestion : « Pourquoi ne feriez-vous pas un stage en paroisse ? A défaut de vous " immerger en Dieu " directement, vous auriez au moins un avant-goût de ce qu'est la vie de prêtre. » Cela me semblait une idée épatante. Je suis donc allé au Mans où j'avais la possibilité de travailler sur le chantier de construction d'une église, tout en m'intégrant à une équipe sacerdotale. Lorsque ce chantier a été terminé, je me suis présenté dans une paroisse de la banlieue parisienne où vivaient une dizaine de prêtres. Là, il y a eu un malentendu qui a duré six mois et qui a été pour moi très douloureux.

A quel niveau ce malentendu ?

Je voulais entendre des chrétiens parler de leurs vies, dire ce qu'était pour eux la foi et ce qu'ils faisaient de l'Évangile quand ils essayaient de le vivre. J'avais été très marqué par une réunion d'Action catholique à laquelle j'avais assisté et où des femmes avaient réfléchi sur leurs responsabilités à la lumière de l'Évangile. C'est cela que je voulais retrouver, un contact, ce qui supposait d'être invité à quelques-unes des six ou sept réunions qui avaient lieu chaque semaine sur cette paroisse. J'étais plein d'ardeur pour écouter, pour rencontrer. Or, tout ce qu'on me proposait, c'était de rendre des petits services, de trier des papiers, de recopier des registres, de ranger des greniers ou de faire des courses.

Comme j'avais de l'énergie à revendre, je me suis acharné à meubler mon emploi du temps. Je faisais du porte-à-porte pour vendre *La Vie catholique*, j'allais dans un hospice pour donner un peu de temps à tel ou tel vieillard, je m'embauchais dans une entreprise de nettoyage de carreaux, je donnais des cours d'alphabétisation à des Maghrébins, fréquentais un prêtre qui militait pour l'indépendance algérienne, distribuais des textes écrits par Messali Hadj, me frottais un peu à la politique. J'avais une activité débordante mais plus encore l'amer sentiment de perdre mon temps.

Ce n'était pas cela que tu étais venu chercher...

Et, par-dessus le marché, je me sentais totalement exclu de la communauté de ces hommes dont je voulais partager la vie. Les prêtres de l'équipe ne cessaient de me répéter que ma démarche était celle d'un intellectuel, que leurs paroissiens n'étaient pas des cobayes. Il n'était pas question de me les faire rencontrer. Même l'aumônier de la JOC ne m'invitait pas à ses réunions parce que, disait-il, j'étais un bourgeois, fils de bourgeois.

Je ne leur en veux pas du tout. Ils étaient très occupés et avaient des comptes à régler avec leurs années de séminaire, trop éloignées, disaient-ils, des réalités de la vie. Je me souviens de m'être dit à l'issue de mon stage chez eux : « Mon petit vieux, tu ne dois pas retourner dans un séminaire classique mais trouver, pour ta formation, l'endroit le moins intellectuel possible. » Et l'endroit le moins intellectuel, le plus branché sur la vie était, me disait-on, la Mission de France.

J'ai donc écrit au supérieur de la Mission de France qui m'a accepté pour le mois d'octobre suivant dans son séminaire, à Pontigny.

Et là, tu as enfin pu te consacrer à une vie moins intellectuelle ?

L'emploi du temps incluait environ dix heures par semaine de travail manuel. Cela me convenait tout à fait. La première année, j'ai travaillé le bois avec un séminariste menuisier et j'y ai pris beaucoup de plaisir. L'année suivante, j'ai été coiffeur, ce qui était très intéressant parce que je pouvais faire la conversation avec mes « clients », professeurs et séminaristes. C'est au cours de cette seconde année que je me suis posé la question de « l'apostolat laïc ». J'ai lu *Théologie du laïcat* et une interrogation a surgi en moi : « Suis-je vraiment appelé au sacerdoce ? Il est vrai que j'ai par-dessus tout envie de parler de Dieu, mais est-il nécessaire pour cela d'être prêtre ? » D'après ce que j'en avais vu, la condition cléricale ne m'enthousiasmait plus. Je me demandais s'il ne serait pas possible d'être à la fois laïc et apôtre. Voué à l'apostolat, non au tiers ou au quart de mon temps mais en y engageant toute ma vie.

J'en ai parlé à mon « père spirituel », c'est-à-dire au prêtre que je rencontrais une demi-heure ou trois quarts d'heure par semaine et qui était censé avoir un regard sur ma vocation. Il m'a dit à peu près ceci : « Je crois que tu as un caractère trop marqué pour la prêtrise. Tu seras plus à l'aise dans la vie laïque. Je te vois dans le journalisme ou dans la culture populaire. Un homme comme Bernanos n'aurait pas été un bon prêtre. Il était trop anxieux, trop inquiet. En tant que romancier, il a été sensationnel. »

Cette idée du laïcat-apôtre ne cessait de me trotter dans la tête. C'est à ce moment-là qu'il m'a fallu faire ce que font tous les séminaristes de la Mission de France : un stage dans un milieu déchristianisé. On m'a envoyé dans la Creuse, chez un garagiste également propriétaire terrien, qui m'a fait travailler comme mécanicien, électricien, et aussi bien pour les foins et la moisson. J'étais sur la brèche dix heures par jour et mon patron se montrait très exigeant. Il me répétait souvent : « On ne peut pas être curé et paysan ! » J'avoue que j'ai vécu ces deux mois en me demandant ce que je faisais à la Mission de France. Un de mes camarades à qui je demandai s'il ne serait pas bon pour moi d'aller vivre deux années en usine pour m'immerger dans la vie ouvrière m'a répondu : « La classe ouvrière n'a rien à faire d'artistes dans ton genre ! » De telles réflexions me donnaient le sentiment que je faisais fausse route.

Cela a dû être douloureux...

Oui, surtout avec ce fond de doute qui ne cessait de m'étreindre. Je pensais à cette phrase de Giono : « Ta lèpre, c'est de l'amour inemployé. » Je sentais en moi une générosité énorme dont je ne savais que faire. Sans cesse, je demandais au Seigneur de m'envoyer un signe.

Ne répond-Il pas toujours lorsqu'on le Lui demande avec sincérité ?

Le signe que je reçus à ce moment-là était difficile à interpréter. J'étais dans ma deuxième année à la Mission de France lorsque j'ai éprouvé un formidable coup de foudre pour une jeune fille. C'était au cours d'un camp de jeunes en Auvergne avec quelques amis. Ce qui m'a fasciné chez cette jeune fille, c'est son désir mystique. Elle était très liée à des pères Carmes et avait adopté leur spiritualité. Tous ses propos, tout son être reflétaient une quête passionnée de Dieu. Par sa présence et sa personne, elle me révélait cette dimension intérieure que je ne cessais de rechercher.

Nous avons entamé une correspondance. Elle m'écrivait au séminaire de très longues lettres. Les plus beaux textes d'Osée, de Jérémie, d'Isaïe, des Psaumes, du *Cantique des Cantiques* m'étaient proposés avec des commentaires qui en soulignaient le caractère actuel. Lorsque Dieu disait à son peuple : « *Tu as du prix à mes yeux et Moi, Je t'aime !* », c'était à chacun de nous qu'Il s'adressait. Mon âme, prisonnière jusque-là, s'évadait d'un cachot. Le ciel s'ouvrait. Je me sentais justifié d'exister.

Je lui répondais en maîtrisant mon émotion car, bien entendu, je n'osais pas lui avouer les sentiments qu'elle m'inspirait.

Une fois, je lui envoyai deux lettres contradictoires, l'une où je lui disais que je penchais plutôt pour le laïcat et une autre, deux jours plus tard, où je lui écrivais : « Le Seigneur m'appelle peut-être à devenir prêtre. » Dans les deux cas, je lui donnais de nombreuses explications.

Elle m'a téléphoné et m'a dit : « Il faut absolument que je

vous voie. Il y a un train pour Paris à telle heure. Venez ! » J'ai obéi comme un somnambule et j'ai eu avec elle une conversation qui a été une véritable lutte. Je parlais « Rédemption », elle répondait « Création ». Je disais « Croix », elle avançait « Résurrection ». J'évoquais le sacrifice d'Isaac, elle répondait en riant de mon ignorance que Dieu n'avait jamais demandé cela à Abraham. Chaque fois que je trouvais un argument pour lui dire qu'il était très possible que le Seigneur me demande de Lui consacrer toute ma vie, à corps perdu, elle tirait dans l'autre sens, avec des arguments bien plus convaincants que les miens !

Cela a duré de longues heures au cours desquelles elle a tenu des propos d'une très grande beauté sur ce qu'elle souhaitait apporter aux humains. J'étais ébloui par la qualité de lumière qui émanait d'elle, la profondeur de regard que lui donnait sa vie contemplative. Je me souviens de m'être dit : « Mais pourquoi chercher plus loin ? Le signe que tu demandais, le voilà ! »

De retour à Pontigny, le lendemain, j'étais épouvanté. Je me demandais si je ne venais pas de compromettre définitivement cette « vocation » à devenir porte-parole de Dieu. J'étais d'autant plus troublé que mon père spirituel et un autre prêtre auxquels je m'étais confié étaient d'accord pour me dire : « Mais cette jeune fille est exceptionnelle ! C'est dans ce sens-là que tu devrais te diriger ! » Je leur faisais lire les lettres que je recevais. Je les ai conservées et, quand il m'arrive de les relire, je les trouve toujours d'une beauté extraordinaire. Cette jeune fille avait vraiment le sens de l'Essentiel. Nous nous complétions d'une manière saisissante : j'étais tourné vers l'intelligence qui transforme le réel et qui l'explique, vers l'apostolat qui sème une graine et la fait pousser. Elle était tournée vers le recueillement et la louange.

J'étais dans une perplexité indescriptible ! Je continuais mon séminaire, mais j'avais au cœur cet amour humain trop nouveau et trop envoûtant. Je me disais que si je me mariais, il ne me resterait plus de temps pour l'apostolat auquel je voulais consacrer ma vie. J'étais écartelé. Peut-être y avait-il aussi en moi une vue pessimiste sur le mariage...

L'idée que le mariage finit par tuer l'amour ?

En tout cas que l'amour est une réalité très fragile, très menacée. J'ai écrit à mon amie (appelons-la Sarah) en lui faisant part de mon hésitation, de ma souffrance et de l'impossibilité dans laquelle j'étais de lui dire un oui définitif. J'étais littéralement malade ; j'avais des étourdissements. Il m'arrivait d'avoir des douleurs de ventre si fortes que j'en perdais connaissance. J'ai consulté plusieurs médecins à Paris et à Bordeaux. L'un m'a dit que j'avais des amibes, un autre une colite, un autre un ulcère. En réalité, c'était l'angoisse qui provoquait ces malaises. Aucun d'eux n'a orienté ses questions sur la vraie cause de ce tourment.

J'ai demandé au supérieur du séminaire de me donner l'adresse d'un bon psychiatre. Il m'a envoyé chez un de ses amis qui s'occupait des séminaristes en difficulté. Ce médecin me disait : « Vous vous sentez responsable du décalage que vous ressentez entre vous et votre famille, entre vous et votre entourage. Vous avez tort. Vous êtes en avance sur votre époque. Vous avez tous les atouts pour être un excellent prêtre. » Je n'étais pas d'accord avec lui car je ne cessais de me demander comment j'aurais pu être un prêtre valable en étant aussi confus, nébuleux, tourmenté ! J'étais incapable de me dire : « Voilà ce que je veux faire de ma vie ! »

J'ai demandé conseil à beaucoup de gens. Les laïcs m'orientaient plutôt vers la prêtrise et les prêtres plutôt vers le mariage. Seul Maillard faisait exception, qui me disait : « Stan, tu as une soif énorme d'Absolu, tu es dans l'inquiétude, mais cette inquiétude, tu la trouveras davantage sur le chemin du mariage que sur celui de la vie religieuse. Quand on a à ce point soif d'Absolu, Dieu seul peut combler ce désir. »

J'étais si mal que j'ai fini par écrire à Sarah : « Je quitte le séminaire mais je ne veux pas te revoir. Je dois me faire soigner. Je suis paumé, déchiré, je suis sous le rouleau compresseur. » Je ne savais où aller. Je suis parti en Savoie avec mes parents. Ces vacances n'ont rien arrangé. Je n'osais pas leur parler de mes problèmes. En août, je suis allé dans un noviciat jésuite pour suivre les Exercices de saint Ignace, mais l'état d'esprit dans lequel j'étais ne m'a pas permis d'en tirer le moindre profit. A la fin de cette retraite de deux semaines, j'ai eu un dialogue avec le père maître :

« Je voudrais avoir le courage de donner ma vie complètement, de larguer les amarres, d'aller du côté du plus grand don pour le service de mes frères.

— Vous penchez donc du côté du sacerdoce ?

— Oui.

— Qu'en éprouvez-vous ?

— Une grande paix pour moi mais une immense douleur pour celle que j'ai embarquée sur une fausse route et qui n'a pas mérité cela.

— Alors mon cher, je vous en supplie, allez vite la rejoindre et ne me parlez plus jamais de vocation. Si un jour vous avez des démêlés avec le Père éternel, si vous avez l'impression qu'il vous reproche d'avoir été lâche, je serai là. »

Il m'a sorti une photo représentant un prêtre qui avait un lupus sur la face et il m'a dit : « Les souffrances psychiques de cet homme ont été dix fois pires que sa souffrance physique. Être prêtre, c'est premièrement souffrir, deuxièmement souffrir et troisièmement souffrir. Vous n'en êtes pas capable. Vous avez besoin de voir ce que vous faites, de toucher du doigt l'efficacité de votre action. L'efficacité du prêtre est invisible et surnaturelle. Filez vite et que je ne vous revoie plus. »

Je suis donc allé retrouver Sarah. Nous avons vécu des moments extraordinaires. Je me sentais libéré et je me suis écrié : « Finie la galère ! Finie l'inquiétude ! » Oserais-je employer ses propres termes de « fiançailles » ? Nous allions faire le marché. J'étais attendri lorsqu'elle fit tomber une bouteille de lait qui se brisa sur le trottoir. « Cela porte bonheur », m'écriai-je en jubilant. Tout ce qui venait d'elle me mettait en joie. Je la contemplais lorsqu'elle bûchait ses cours de médecine. Je jouais à l'examinateur en lui posant des colles sur les chapitres qu'elle étudiait. Nous avons rendu visite à ses voisins du dessus, un pasteur anglican et son épouse. Peut-être cette visite n'était-elle pas innocente... Nous sommes allés ensemble à la messe. Nous avons prié les psaumes. Je savourais certains passages :

« Dieu comble son bien-aimé qui dort.
C'est un cadeau de Dieu que des enfants...
Ton épouse est comme une vigne aux lourdes grappes
dans l'intimité de ta maison. » (Ps. 127.)

La tête blottie contre mon cœur, elle citait de mémoire, avec sa voix de paradis, des strophes du *Cantique des Cantiques :*

« J'ai trouvé celui que mon cœur aime.
Je l'ai trouvé et je ne le lâcherai pas.
Pose-moi comme un sceau sur ton cœur... »

J'étais de peu de foi, j'ai continué à douter. Cela peut faire mal d'être trop heureux soudain ! Le mystère de l'amour était tellement grand ! Je n'y étais pas habitué. Je n'avais encore rien fait pour le « mériter ». À cette époque-là, ce qui n'avait pas coûté n'avait pas de valeur ! Ou bien il faudrait le payer après. « Je n'y ai pas droit », pensais-je. « Je ne pourrais compenser une telle densité de joie que par la vie la plus renoncée qui soit. » Je me sentais prêt à faire vœu de bienveillance envers tous les êtres, en commençant par les plus disgraciés. Je me sentais prêt à adopter six orphelins, prêt à vivre dans la pauvreté la plus totale. Mais une femme et des enfants, accepteraient-ils et suivraient-ils ? N'était-ce pas irréaliste d'entraîner dans une aventure extrême ceux qui ne l'auraient pas choisie ?

Le bonheur, par son étrangeté, sa violence, sa force, a provoqué en moi un électrochoc : « Je veux donner ma vie pour que les hommes ne soient pas privés de Dieu mais je ne pourrai sans doute pas le faire si je décide de rester laïc. On ne me le permettra pas. Le laïc n'a pas pour mission de faire connaître et aimer Jésus-Christ. » Des textes de saint Paul surgissaient dans mon esprit : « Celui qui est marié a le souci de faire plaisir à son épouse et le voilà écartelé. » Bref, après quarante-huit heures passées avec Sarah, je suis reparti dans ma famille à Saint-Jean-de-Luz.

Tu n'as passé que quarante-huit heures avec elle ? Tout ce grand bonheur...

Tout ce grand bonheur n'a duré que deux jours.

On imaginait des semaines.

Non, deux jours ! Une semaine après, mes angoisses se trouvaient augmentées par le contexte familial. Mes parents m'interrogeaient : « Mais qu'est-ce que tu vas faire ? » Je ne savais que répondre. J'avais le sentiment d'être un déserteur, un lâche qui préfère son bonheur plutôt que de répondre à un appel trop exigeant. Le poids de mon propre mystère et de ma solitude était devenu encore plus lourd.

J'étais d'autant plus perdu que personne ne m'aidait à voir ce que j'aurais pu réaliser comme laïc-apôtre. Certains même me décourageaient. Si je disais que je voulais devenir journaliste, il se trouvait toujours une bonne âme pour me dire : « Mon pauvre ami ! Tu vas " faire les chiens écrasés " pendant dix ans avant de pouvoir parler de vie spirituelle. » Je n'étais pas sûr d'avoir le talent nécessaire pour faire mes preuves dans la littérature ou l'éducation. Dans la vie religieuse ou sacerdotale, il ne m'était rien demandé d'autre que de me laisser prendre par Dieu et de devenir Son instrument. J'écrivis à Sarah : « S'il te plaît, donne encore sa chance à une vocation qui m'habite et qui ne m'appartient pas, à ce souci que j'ai de faire connaître Dieu. Je pars demander conseil à un jésuite. »

Je suis monté à Cahors en auto-stop pour rencontrer le père Dujardin qui m'a conseillé de faire encore un essai. Il voyait d'un bon œil une orientation chez les dominicains. J'ai écrit au père maître des dominicains qui m'a proposé de le rencontrer au noviciat de Lille. J'y suis allé aussitôt et, dix jours plus tard, je prenais l'habit dominicain. Je me vois disant au père maître : « Vous menez votre brebis à l'abattoir. » — « Non, m'a-t-il répondu, je mène la victime à l'autel. »

J'ai vécu ce noviciat d'une manière curieuse. J'avais dans ma main le souvenir de celle de Sarah, j'avais son souffle dans mon souffle, dans mes yeux ses yeux. J'étais imprégné d'elle. Pendant deux jours, je l'avais revue, j'avais essayé de lui faire comprendre ma décision, nous avions beaucoup pleuré ensemble ! Le père maître que je voyais une demi-heure chaque semaine ne cessait de me répéter : « Continuez ! Tenez bon ! » Mais au fond, il se demandait si je ne me trompais pas. Il voyait que je n'entrais pas dans la vie chorale, que le grégorien ne me disait rien, que la liturgie, telle qu'on me la présentait, ne me parlait pas.

Au bout de six mois, Sarah lui avait écrit à peu près ceci : « Je veux savoir où en est Stan, s'il va être religieux ou non. Je ne peux pas attendre cent sept ans. » Le père maître lui avait répondu d'une façon un peu sèche, comme si cela ne la regardait pas. Je lui ai donc écrit de mon côté et j'avais fait passer la lettre par un novice qui sortait. Cela a été découvert et a été très mal vu. Au point qu'on a rassemblé quelques experts dominicains pour savoir où j'en étais, ce qui m'a donné l'impression qu'on me faisait un procès. La souffrance fut terrible, presque insoutenable.

On m'a demandé de prolonger mon noviciat de six mois et j'ai décidé de partir. J'ai quitté le noviciat le jour anniversaire de mon arrivée, mais je ne me suis pas dit : « Je vais retrouver Sarah. » J'avais le sentiment de lui avoir promis trop de choses et de n'être pas assuré de tenir mes promesses. Lorsque je l'ai revue, j'ai été plutôt dur avec elle. Je lui ai dit que, même si je choisissais le laïcat, ma vie serait tellement livrée aux autres que le mariage ne serait pas compatible. Elle l'a mal assumé.

Quoi de plus compréhensible !

Il ne faut pas oublier que l'on n'avait cessé de me répéter dans ma jeunesse : « Si tu hésites entre deux voies, prends la plus dure et tu seras sûr de ne pas te tromper. » Je ne suis pas le seul à être tombé dans ce piège. Je voulais faire du journalisme mais je ne trouvais personne pour financer mes études. Désorienté, paumé, je suis allé trouver l'ancien supérieur du séminaire d'Issy-les-Moulineaux qui me connaissait, m'appréciait et qui était alors à Versailles. Voilà pourquoi je suis entré peu après au séminaire de Versailles.

Ta décision était enfin prise. Tu as dû te sentir soulagé.

Oui, vraiment. Presque tout de suite, j'ai eu le sentiment de retrouver mon équilibre, d'être bien dans ma peau et heureux d'avoir enfin trouvé ma voie.

Et Sarah a disparu de ta vie?

Je ne l'ai plus revue. Elle s'est mariée dès que j'ai été ordonné.

Est-ce que tu as pensé longtemps à elle?

Elle n'a jamais cessé d'être présente. Ne serait-ce que par les lettres qu'elle m'avait écrites, des lettres d'une grande profondeur où je retrouvais les intuitions les plus fondamentales. Elle répétait souvent : « Les êtres n'existent dans leur plénitude que lorsqu'ils sont regardés avec amour. » Elle s'orientait vers la pédiatrie et elle s'occupait des enfants qui lui étaient confiés avec une tendresse extraordinaire. « C'est l'amour seul qui fait exister les êtres. » C'était là son inspiration. Elle est devenue aussi la mienne.

Il semble vraiment que tu aies rencontré une femme de très grande qualité.

Elle m'a mis au monde.

C'est le rôle de la femme.

Toute femme est prêtre. Elle fait naître l'homme qu'elle aime.

Au séminaire de Versailles, il te restait encore combien d'années à faire?

Deux, mais c'est seulement lors de la dernière année que j'ai reçu successivement le sous-diaconat, le diaconat et le sacerdoce.

Tu es donc prêtre... Cette fois-ci tu étais vraiment certain de ne pas te tromper ?

On n'est jamais certain. On part comme Abraham, ne sachant où on va ! J'ai eu le sentiment de trouver enfin ma place, même si j'ai parfois été dépassé par la grandeur du sacrement de l'ordination. « Ce n'est pas vous qui M'avez choisi. C'est Moi qui vous ai choisis. »

V.

Dieu de plein vent

Enfin te voilà prêtre ! On aurait envie de pousser un soupir de soulagement tant il t'a fallu souffrir pour en arriver là.

Au jour de mon ordination, j'ai éprouvé un grand bonheur. Le sentiment d'être arrivé là où j'étais appelé. J'ai ressenti aussi l'écart qu'il y a entre la pauvreté d'un être humain et l'énormité de la charge qui est mise sur ses épaules.

J'ai été ordonné un 18 décembre et on m'a aussitôt demandé d'aller dans une paroisse parisienne pour entendre les confessions. Pendant quatre jours, dans le confessionnal, j'ai vécu une extraordinaire sensation de plénitude. Je pouvais faire sauter des verrous et libérer des gens enchaînés, leur dire de la part de Dieu : « Tu es aimé, quoi que tu aies fait. » J'ai éprouvé cela très fort, d'autant plus que, lorsque je pensais au sacerdoce, j'étais par-dessus tout enthousiasmé à l'idée que le prêtre a le pouvoir, de par Dieu, de libérer l'être humain de sa culpabilité et de ses fautes. Il a reçu un pouvoir de guérison.

Ce bel enthousiasme du début ne t'a jamais quitté ?

Ma vie sacerdotale n'a pas été un chemin facile.

Peux-tu nous en tracer les grandes lignes ?

Après un an dans la banlieue rouge, l'évêque m'a envoyé dans le Far West de ce qui était alors la Seine-et-Oise, dans un bourg de cinq mille habitants entouré de plusieurs villages. Cette région était déchristianisée. La demande religieuse y était limitée. Je n'arrêtais pas de me dire : « Je suis devenu prêtre pour pouvoir parler de Dieu ou donner un peu d'amour en Son nom. Mais personne ne semble attendre de moi quoi que ce soit ! »

J'avais rêvé de vivre en pays païen. J'étais servi. Rien ne m'avait préparé à rejoindre les hommes au niveau de leurs questions vitales concernant les ambitions de Dieu sur eux. Ce que j'étais venu jadis chercher dans un « stage en paroisse » et à la Mission de France me faisait cruellement défaut. Comment réveiller l'âme humaine derrière les masques, les traditions, les idées bien ancrées, l'indifférence à la vie de l'Esprit ? Petit à petit, les paroissiens me ramenaient à leurs préoccupations profanes, à leurs querelles de clocher, à leurs conflits familiaux, plus que je ne les provoquais à se tourner vers la Parole de Dieu.

Dans les camps que j'organisais avec les jeunes, si je voulais célébrer la messe, c'est tout juste si un ou deux garçons sur trente venaient y participer. Après mes homélies, il n'y avait jamais de retombées. Personne ne venait me dire : « C'était intéressant, ce que vous avez dit. Pourquoi ne venez-vous pas à la maison pour que nous puissions en discuter ? » Et lorsque des gens m'invitaient à prendre un repas chez eux, mon curé m'interdisait d'y aller. « Pourquoi ne m'invite-t-on pas, moi ? » disait-il.

J'allais voir des paroissiens qui me disaient : « Nous ne voulons pas vous voir ! Pas de prêtres chez nous ! » Même si je rendais visite à des gens à l'agonie, on refusait souvent de me recevoir. Les quatre années que j'ai vécues là ont été dures. Ce fut une bonne douche sur mon enthousiasme tout neuf. Mais j'ai rencontré aussi des personnes qui me demandaient de leur parler de Dieu. Celles-là m'ont permis de survivre.

Tu dois comprendre le désarroi de certains curés de nos régions qui disent la messe dans des églises vides.

Je le comprends tout à fait. Ce sont des saints. J'ai été envoyé ensuite à Savigny-sur-Orge. J'y suis arrivé en octobre 1965, et tout a changé d'un coup : j'ai été chargé des jeunes et j'ai pu, je crois, leur faire connaître ce Dieu qui m'avait tant ébloui dans ma propre jeunesse. J'ai vécu là des années difficiles mais formidables. En 1968, on m'a demandé de prendre en charge les élèves de seconde d'un lycée qui comptait trois mille cinq cents élèves. En 1969, je suis devenu aumônier titulaire, à plein temps, de ce même lycée.

C'était très très lourd car je n'étais pas épaulé. Heureusement qu'une religieuse est venue à mon secours pour m'aider, au moins pendant les camps de Pâques. C'était une femme très paisible, authentique et nous sommes allés ensemble animer des camps en Bavière et en Espagne.

Vous vous en doutez, les années dans le sillage de Mai 68 ont été particulièrement dures. Des quantités de jeunes remettaient tout en question. Leurs parents avaient peur. Certains avaient le sentiment que j'écoutais trop leurs enfants, que je leur donnais raison. Ces années ont été à la fois grisantes et épuisantes. Des jeunes avaient de gros problèmes. Je devais les écouter longuement. Il leur arrivait de me réveiller au milieu de la nuit pour exprimer leur tourment.

Des problèmes de drogue ?

Certains avaient vécu un long séjour dans la drogue et voulaient en parler. J'avais le sentiment, à cette époque, que le besoin de drogue traduisait une soif de Dieu inassouvie. Un jour, j'ai demandé à une fille pourquoi elle se droguait au point de se démolir et de prendre le risque de se faire éclater le cerveau. Elle m'a répondu par un cri qui m'a bouleversé : « Mais Stan, tu n'as donc pas compris ? Tu n'as pas compris que nous allons mourir, que le mot *mort* est inscrit sur tous les visages. Nous sommes des cadavres en sursis et, moi, cela m'angoisse. Seule la drogue parvient à me libérer. » Difficile d'oublier les accents d'un tel cri.

Je me suis dit : « Si je pouvais aider cette fille à croire à la vie éternelle, elle serait sauvée. » Mais elle était hors d'atteinte. Elle a fini par se perdre complètement, allant de clinique en clinique. J'ai essayé de l'aider à plusieurs reprises mais en vain. Plus les jeunes me demandaient de temps et d'efforts, plus je m'attachais à eux. « C'est le temps que tu as perdu pour ta rose qui rend ta fleur si importante. »

Tu viens de dire que cette fille aurait été sauvée si elle avait pu croire à la vie éternelle. Comment peut-on amener quelqu'un à croire s'il ne fait pas lui-même l'expérience du Divin en lui? La croyance ne peut être intellectuelle. Comment faire?

Bien sûr ! Il faut permettre aux jeunes de s'ouvrir à l'expérience spirituelle, ne pas hésiter par exemple à partir avec eux dans un monastère... Il faut vivre de longs moments de silence, faire descendre sur eux la parole d'un grand vivant, d'un grand mystique qui va les rejoindre au cœur.

Ce n'est pas ce que l'on peut leur dire qui les marque, mais ce qu'ils ont vécu !

Il est impossible de faire passer la Révélation de la main à la main. Mais j'ai souvent pensé que le témoin de Dieu que j'étais, à la fois homme et prêtre, pouvait éventuellement amener les jeunes à se poser des questions, à se dire : « S'il a donné sa vie pour ça, ce doit être important. Peut-être Quelqu'un l'a vraiment appelé ! » Un témoignage peut créer le choc, à partir duquel la personne demande : « Ce Dieu, où Le rencontre-t-on ? Que faut-il faire pour Le connaître ? » Il m'arrive alors de pouvoir dire où sont les « rendez-vous » que Dieu propose.

Mais ne faut-il pas absolument que cela vienne de l'intérieur? Ainsi Carlo Carretto avait parlé de Dieu pendant des années et s'est aperçu un jour qu'il avait parlé de ce qu'il ne connaissait pas. Peut-on espérer mener des gens à Dieu si on ne leur fait pas découvrir leur profondeur? C'est seulement si on vit soi-même cette expérience qu'elle peut retentir sur l'autre et enclencher une démarche.

Parmi les jeunes qui ont été les permanents des aumôneries où j'ai été responsable, beaucoup se sont orientés vers des tâches de service social ou médical. Certains ont senti naître en eux une vocation religieuse. Dix jeunes filles sont entrées dans la vie religieuse et trois garçons marchent vers le sacerdoce. Sans compter ceux qui n'ont pas cru nécessaire de m'informer de leur orientation dans la vie !

Autrefois, j'insistais davantage sur nos responsabilités humaines. Je me suis remis en question depuis. Aujourd'hui je veux faire découvrir Dieu plus directement et plus fortement.

Après Savigny, j'ai été aumônier de la faculté d'Orsay, puis affecté à Paris aux lycées Racine et Condorcet. Pas toujours facile ! Lorsque j'ai voulu, par exemple, inviter le père Oraison pour parler aux jeunes des mystères de la sexualité, des parents ont mis leur veto. Je me suis ainsi heurté à plusieurs reprises à des principes bien enracinés. Heureusement, il y avait les camps d'été, de Noël, de Pâques ou de la Toussaint, qui ont été des aventures fantastiques. Si j'ai envie de me demander ce qu'est le paradis, je n'ai qu'à mettre ces camps bout à bout.

Tu nous dis que les camps étaient pour toi le paradis. N'est-ce pas un peu exagéré ?

Je me souviens de certains jours où j'ai pensé : « Cette fameuse plénitude dont on parle tant, je l'ai trouvée ! » Il n'y a rien à ajouter et rien à retrancher. Écouter ces jeunes, les comprendre, laisser jaillir leur spontanéité, les voir au cours d'une veillée inventer un sketch, une danse, un poème ; les regarder marcher et chanter dans la montagne... Tout cela a été un ravissement.

Tu parles comme un vrai père.

Je ne les couvais pas, je ne voulais pas en faire des disciples. Je les aimais, tout simplement.

Tu n'as jamais regretté de ne pas être un père selon la chair ?

Difficile de répondre rapidement à une question aussi délicate ! Je ne sais absolument pas le père que j'aurais été.

Mais personne ne peut imaginer à quel point le renoncement à un « instinct » aussi fort peut se transfigurer en amour décuplé. C'est comme pour la vigne : en la taillant on ne la fait pas mourir. On canalise la sève. On adoucit le fruit. Aider des milliers de jeunes à trouver leur chemin, à découvrir leur identité, c'est aussi une belle paternité, non ? L'Évangile ne mentait pas en disant que ce à quoi nous aurions renoncé nous serait rendu au centuple. Mais c'est très difficile de sublimer une énergie sans la casser. Nous risquons tous, nous autres célibataires, de devenir vieux garçons. Il nous faudrait vivre à un régime de vie spirituelle plus fort !

Cela ne t'arrive jamais d'être inquiet pour les jeunes qui te sont confiés ?

Je me souviens d'un camp de Pâques que j'avais organisé en montagne pour un groupe de filles. Pour la veillée pascale, les croyantes sont venues avec moi à l'église du village et les autres m'ont demandé la permission d'aller à une boum sous le contrôle d'une animatrice aînée. Je n'étais pas chaud du tout mais je ne pouvais pas mettre mon veto. Le soir, je retrouve tout mon monde et je m'étonne de ne pas voir Caroline. Une fille me dit, goguenarde : « Va donc voir sur le parking et tu seras édifié. » J'y suis allé, et il y avait en effet dans une voiture des « travaux pratiques » assez avancés. J'ai enguirlandé le gars et quant à la fille, je l'ai raccompagnée au chalet. Il y avait à peu près deux heures et demie de marche et, tout au long, je lui ai dit ce que je pensais. Elle a donc pris un petit savon pendant lequel elle n'a rien dit. Son silence m'a encore irrité davantage et, comme je la conjurais de dire quelque chose, elle a murmuré : « Dis-moi, Stan, est-ce que c'est comme ça que Jésus a parlé à la femme adultère ? »

Quelle leçon as-tu tirée de cet épisode ?

Je me suis senti monstrueux ! Depuis ce jour-là, je n'ai plus jamais eu cette attitude ! A cause d'une certaine image que devaient avoir mes camps, je risquais de développer un comportement rigoriste. Cela ne correspondait pas du tout à mon rôle de disciple de Jésus.

Par chance, cette jeune fille ne m'en a pas voulu. Elle a compris que j'avais une immense estime pour elle. Ma violence venait de ce que ce gâchis me faisait mal. Nous sommes restés de grands amis et, plus tard, lorsqu'elle a eu un cancer, elle est venue me voir pour que j'essaie de l'aider à exorciser son angoisse.

Nous aimerions que tu nous parles un peu de l'esprit des camps que tu organises.

Depuis près de dix ans, Dieu m'a donné un collaborateur dont les qualités de poésie, de tendresse et d'écoute ne cessent de m'émerveiller. Une grande place est laissée à la spontanéité de la vie autour de quelques grandes lignes. Notre premier souci est une disponibilité, une attention à Dieu. Dieu veut nous rejoindre, Il nous cherche, nous fixe un certain nombre de rendez-vous.

Le camp consiste à offrir un maximum de chances pour que ces rendez-vous ne soient pas manqués.

Un premier rendez-vous de Dieu : avec la nature et la beauté. Un chant d'oiseau en dit plus long sur Dieu que toutes les philosophies. Apprendre à regarder un arbre, une fleur, un reflet sur l'eau, une jument et son petit poulain... Découvrir que le créateur n'est pas une « émanation de l'esprit humain ». Celui qui se cogne le genou sur une pierre ne va pas se demander si cette pierre existe.

Il nous arrive dans ces camps de partir une journée entière dans la solitude de la nature pour apprendre à accueillir toutes les beautés qui se présentent. Comme le disait une chanson des années soixante : « Laissons entrer le soleil... » Dieu n'est pas un extraterrestre, encore moins une abstraction. Il est présent en filigrane dans toute la réalité créée. « Regardez les oiseaux du ciel, regardez les fleurs des champs. » L'apprentissage du regard est un des axes de ces temps forts. Celui qui veut réellement entrer en relation avec le Cœur de l'univers, avec le Visage des visages, la Vie de notre vie, celui-là doit préparer son cœur. Il faut pour cela un éveil spirituel. Celui qui a vraiment soif entend le bruit de l'eau.

Un second rendez-vous pourrait être avec soi-même. Dieu nous a faits à Son image, capables de connaître, d'aimer, de communiquer. Cette vie intérieure, nous pouvons la pressentir. Dans le silence, nous entrons en communication avec notre source divine. « Dieu est plus proche de toi que la veine de ton cou », dit le Coran. « Dieu pense et aime dans l'homme », dit la tradition hindoue. « En Dieu nous avons la vie, le mouvement et l'être », dit saint Paul.

Comment cela se passe-t-il dans le concret?

Les quatre ou cinq premiers soirs, nous organisons ce que nous appelons des « présentations ». Chacun est invité à faire présent aux autres de ce qu'il pense être. Pendant dix à vingt minutes, il dit ce qu'il a à dire et pendant les dix minutes suivantes, on lui pose des questions pour l'amener à préciser. Ces moments-là sont vécus avec intensité et respect. Par discrétion, je n'ai jamais voulu les enregistrer, mais on pourrait écrire un livre passionnant sur ces adolescents tels qu'ils se racontent, surtout sur la façon dont ils voient leur âme en train de naître. Je vois là des jeunes qui s'ouvrent et j'éprouve, grâce à eux, un bonheur incroyable.

Tu as déjà un peu évoqué cela dans ton livre L'avenir est à la tendresse.

Trop peu. Il n'y a rien de plus beau que de voir une personnalité en train de se découvrir. Tel jeune arrive au camp, rugueux, fruste ; il ne sait pas se tenir sur ses jambes, il ne sait pas où mettre ses mains, il ne sait que faire de son corps, il n'ose pas s'exprimer, il redoute le regard des autres... A la fin du camp, deux ou trois semaines plus tard, il a pris confiance en lui.

Es-tu sûr que c'est durable?

Pas pour tous, bien sûr ! Mais beaucoup reviennent deux, trois, six fois. Certains deviennent ensuite animateurs.

Dans ces « partages », quelques questions nous aident à faire tomber les masques, à déceler en nous un personnage. La découverte de Dieu à travers notre âme s'effectue dans l'exercice de notre liberté. Il y a, dans la vie quotidienne d'un lycéen ou d'une lycéenne, des obligations incontournables qui tendent à faire d'eux des ours de jardin zoologique. En vacances, en camp, voilà qu'il faut choisir, décider de l'utilisation d'un temps libre. Il s'agit de trouver une bonne harmonie entre une saine flânerie, la lecture de quelques pages qui peuvent éveiller une pensée personnelle, une conversation avec un compagnon ou une compagne de camp, un morceau de musique.

Un troisième rendez-vous de Dieu dans ces camps : avec les autres. Nous cherchons à éviter les « grumeaux », c'est-à-dire les duos et les trios qui demeureraient sans s'ouvrir sur l'extérieur. Les « présentations » constituent une étape importante de ce souci ainsi que le « cahier du camp » où chacun peut à tout moment rejoindre les autres par le biais d'une sorte de lettre ouverte, de poème ou une page de récit d'une de nos journées. Ainsi, chacun à sa mesure développe une attention aux autres. Nous pouvons découvrir que chaque camarade de camp est un ambassadeur de Dieu, qu'il a quelque chose à nous révéler de Sa part.

Tu n'as pas parlé de la messe. Est-ce qu'elle est obligatoire ?

Absolument pas, mais j'ai souvent remarqué que même ceux qui, au départ, y étaient les plus allergiques revenaient après y avoir participé une ou deux fois.

Est-ce que tu leur parles beaucoup ?

Je leur lis les textes que j'aime lorsque nous nous trouvons devant un site magnifique : Saint-Exupéry par exemple ou Khalil Gibran, qui est certainement l'auteur qui a trouvé le plus d'audience dans leur cœur. Au dernier camp d'été, nous avons eu quatre lectures commentées de l'Évangile. Elles duraient de deux à trois heures et se terminaient par la célébration de l'Eucharistie. Au bout de six jours, j'avais une extinction de voix.

Tu dois bien tout de même avoir des échecs, des jeunes qui n'accrochent pas ou qui tournent mal?

Je vois des visages précis surgir devant mes yeux : tel garçon victime de la toxicomanie, en hôpital psychiatrique depuis dix ans, tel couple qui s'est défait très vite, une jeune fille qui se trouve encore en prison... Nous n'avons pas su les garder contre l'air du temps, les protéger contre la part d'eux-mêmes qui conspirait contre leur bonheur. On peut faire le maximum pour un jeune mais d'autres influences s'exercent sur lui contre lesquelles nous ne pouvons rien.

C'est la fameuse parabole du semeur.

Tout à fait. On s'aperçoit bien, en lisant cette page d'Évangile, qu'un esprit mauvais cherche à pervertir les êtres. Il ne s'intéresse pas forcément à ceux qui ne sont pas dangereux pour lui, mais il vise au contraire des personnalités plus fortes et donc susceptibles d'entraîner pas mal de monde derrière elles. Il est plus intéressant de faire dégringoler un premier de cordée. Judas avait une belle mission d'évêque devant lui !

Il est sûr que la connaissance et l'amour de la nature sont, contre l'esprit mauvais, les meilleures armes. Que fais-tu pour les aider à découvrir cette communion?

Nous nous asseyons « en tailleur » devant un très beau paysage et nous faisons l'expérience du silence total. De temps en temps, je peux intervenir avec une petite phrase telle que celle-ci : « Les montagnes peuvent s'effondrer et les collines disparaître mais Mon amour pour toi ne s'en ira jamais. » Il m'arrive de les envoyer seuls dans un beau coin et de leur suggérer de dessiner ce qui les inspire. Même ceux qui ne savent pas dessiner expriment quelque chose. Et beaucoup se découvrent un don qu'ils ne se connaissaient pas. Il m'arrive aussi de leur demander de composer des poèmes. Ils sont souvent étonnés de leur inspiration.

Les aides-tu à mieux aimer les animaux?

Ils les aiment spontanément. Les animaux nous parlent d'une certaine dimension de l'être. Il n'y a qu'à regarder votre petite chienne Shakti pour en être convaincu. Voyez cette paix, cette confiance totale. Que lui manque-t-il pour être humaine ? La parole ! Et nous pour être divinisés ? L'amour ! Certains vont se passionner pour les oiseaux, d'autres pour des animaux plus familiers... Dieu est présent dans toutes les formes vivantes. J'aime cette idée que j'ai trouvée dans une Upanishad : « Dieu pèse dans la pierre, pousse dans la plante, respire dans l'animal, aime dans l'homme. » L'Inde et saint François se rejoignent !

L'école ne peut leur donner tous les éléments de leur formation, si bien que les jeunes sont frustrés dans plusieurs dimensions de leur être, leur profondeur, leur originalité, leurs talents, la faculté d'accueillir l'autre, de communiquer avec lui et de s'émerveiller ensemble de ce que l'on découvre.

Est-ce que les chants jouent un grand rôle ?

Ils sont essentiels et j'ai beaucoup de chance car j'ai un collaborateur, Alain, qui sait leur communiquer l'amour de la musique.

Il est avec toi depuis longtemps ?

Une dizaine d'années. Quand nous nous sommes rencontrés, il sortait à peine d'une longue épreuve. Je lui ai demandé s'il voulait consacrer un certain temps à l'organisation et à l'animation des camps, et j'ai le sentiment que cette soif d'amour qu'il y avait en lui s'est exprimée là d'une manière merveilleuse. Comme dit Dieu dans le prophète Isaïe : « Si tu dénoues les liens de la servitude, alors tes blessures seront vite cicatrisées. » Il m'aide énormément. Pour prendre un exemple, il arrive que, durant un camp, on me demande de donner une conférence dans une ville proche. Alain et moi, nous venons avec tous les jeunes et il leur fait chanter de très beaux chants à quatre voix. Du même coup, le message que je cherche à transmettre se trouve amplifié par le chant et la présence de tous ces jeunes.

Les camps sont des moments forts mais, une fois les jeunes rentrés chez eux et pour que leur effet soit durable, leur proposes-tu une sorte de « service après camp » ?

J'ai longtemps tâtonné pour trouver la meilleure formule. Avec une secrétaire, Cécile, j'ai mis au point ce que nous appelons « les Vendredis de Gif » au cours desquels nous invitons des conférenciers à venir témoigner devant des jeunes. C'est ainsi qu'ils ont pu dialoguer avec une cinquantaine d'invités tels que l'abbé Pierre, sœur Emmanuelle, Guy Gilbert, Jean Delumeau, Jacques Lebreton, Denise Legrix, Daniel Ange, Olivier Clément, et bien d'autres.

Ceux qui ont reçu, en participant aux camps, une stimulation, un détonateur, un éveil n'ont pas à être téléguidés dans leurs engagements. C'est librement que sept d'entre eux sont partis dans une communauté missionnaire internationale, donnant totalement leur cœur et leur vie. C'est librement que certains ont répondu à la proposition d'Alain de former une chorale. C'est librement que tel ou tel s'engage dans la catéchèse, un mouvement de défense des droits de l'homme, un groupe de prière ou tout autre service d'Église. Certains ont déjà vécu six ou sept camps à la suite et sont devenus animateurs pour les plus jeunes. Eux seuls peuvent dire à quel point cette responsabilité les éveille à offrir le meilleur d'eux-mêmes pour les autres. Pour d'autres enfin, leur engagement se situe dans leur profession et dans le sacrement de mariage. J'ai déjà béni le mariage de dizaines de couples qui sont nés dans les camps de vacances. Et puis ma porte est toujours ouverte ! Lorsqu'ils viennent pour être éclairés sur le projet de Dieu sur eux, c'est pour moi la plus grande joie !

Les camps d'aujourd'hui ne sont certainement pas les mêmes que ceux d'autrefois.

Au début, les jeunes venaient de populations non christianisées. L'important pour eux, c'était de vivre des vacances pas chères, en bande ! Ils se désintéressaient de la foi et cela m'a été très dur. J'étais jeune prêtre, j'avais l'enthousiasme au cœur, une envie folle de faire partager les paroles de Dieu. Tant d'années d'efforts, de luttes, de renoncements m'avaient conduit au sacerdoce, et je me trouvais avec des jeunes qui me regardaient en se disant : « Les prêtres sont des gens bizarres. Ils ne se marient pas, c'est louche !... »

Lorsque les camps n'étaient pas mixtes, trouvais-tu des différences entre les camps des filles et ceux des garçons ?

C'est très simple : les filles ne parlaient que des garçons et les garçons ne parlaient que des filles !

Ces dernières n'étaient-elles pas plus sensibles à la dimension religieuse ?

Les filles parlaient davantage que les garçons des sujets qui les touchaient au cœur. Je me souviens qu'un soir, à la fin d'une réunion, l'une d'entre elles m'a dit en pleurant : « Je ne suis pas normale, je n'ai pas de problème. » Elle venait d'entendre les autres déballer chacune son histoire et elle se sentait paniquée à l'idée qu'elle, elle n'en avait pas. Ce qui l'a calmée, c'est de découvrir qu'en réalité elle venait d'en avouer une ! Oui les jeunes filles étaient beaucoup plus ouvertes à la dimension intérieure, à la vie spirituelle.

Les garçons faisaient surtout du vélo : tour de la Bretagne, de la Corse, de la Costa Brava... J'essayais d'animer des réunions au cours desquelles ils réfléchissaient sur l'entrée dans le monde adulte, comment préparer l'avenir... J'essayais de leur donner l'occasion de s'exprimer, de dire ce qu'ils ressentaient. Beaucoup avaient l'impression que les adultes ne s'intéressaient pas à eux. Je leur disais que leurs parents les aimaient énormément. Ils répondaient avec un manque de logique qui n'était qu'apparent : « Justement, on voudrait bien qu'ils nous lâchent un peu, qu'ils nous laissent faire notre vie nous-mêmes. »

Est-ce que tu pouvais leur parler de religion ?

Avec les garçons, je n'osais presque plus présenter la dimension religieuse, tant qu'elle n'était pas désirée. Alors, pour les éveiller tout de même à des réalités spirituelles, je leur faisais entendre des disques ou des cassettes qui portaient un certain message. J'avais tout un florilège de chansons qui me permettait d'essayer de faire naître des préoccupations religieuses... J'appréciais qu'ils ne voient pas en moi un être que le sacerdoce aurait momifié.

Ils me voyaient galoper à cheval plus vite qu'eux ou durer dans la pêche sous-marine plus longtemps. En Bretagne du Nord où pourtant les eaux étaient froides, je pouvais rester six heures d'affilée dans l'eau, sans combinaison. Je pouvais plonger de douze mètres de haut au milieu des rochers. Je me disais : « Peut-être vont-ils tout de même se poser quelques questions : “ Ce type-là aurait pu vivre la vie de tout le monde. Qui donc l'a saisi pour le mettre ainsi totalement à notre service ? ” »

Crois-tu qu'ils se la posaient, cette question ?

Je n'en sais rien. Je rongeais mon frein en me demandant si j'allais rencontrer un jour des jeunes visités par des curiosités spirituelles, portant en eux des interrogations autres que : « A quelle heure on mange ? » Ceux-là n'en portaient pas. Ils n'avaient que des problèmes d'identité. Telle cette jeune fille qui n'arrêtait pas de flirter : un jour elle avait vu son père embrasser une autre femme que sa mère et elle en avait ressenti un tel choc qu'elle voulait ressembler à son père afin que la blessure soit moins douloureuse. Gris sur gris, c'est moins voyant !

Tu pouvais au moins les aider sur le plan humain. Ce n'est pas rien.

Ils me faisaient part de leurs blessures et je pouvais parfois les aider mais ça n'allait guère plus loin. Une fille m'a écrit : « Votre désir était peut-être de me faire croire en Dieu. C'est raté ! Mais vous m'avez permis de croire en moi-même. Merci ! »

J'étais un peu le prolongement de la générosité de Dieu pour eux, mais j'aurais voulu Le leur révéler plus totalement. Leur dire : « Non, Dieu n'est pas celui que vous croyez. Il n'est pas quelque chose d'abstrait, de flou. Il est présent dans votre vie. Il vous aime d'un amour infini ! » Hélas ! cela ne passait pas. Pourtant, ma foi était au maximum de son intensité.

L'enthousiasme de la jeunesse...

Les camps de l'aumônerie du lycée furent d'une grande intensité humaine. L'Eucharistie en était le sommet et nous la préparions longuement. Nous avions des échanges sur des sujets importants, à partir des textes « inspirés ». Nous n'étions pas toujours d'accord et, hélas ! les grandes gueules finissaient parfois par l'emporter. Certains me disaient : « Tu nous donnes des boutons avec ton Claudel ou ton Saint-Ex. »

Cela suffisait parfois pour me faire dire : « Bon ! Si cela ne vous convient pas, proposez autre chose ! » Cela ne nous empêchait pas de vivre des moments très intenses. J'ai le souvenir de tellement de levers de soleil en montagne.

Ils étaient tous d'accord pour se lever à quatre heures du matin ?

Bien sûr que non ! S'il y en avait six, sept sur trente-cinq, je pouvais m'estimer heureux. Et il m'arrivait de dire aux autres : « Vous passez à côté de quelque chose de génial. » Parmi ces jeunes, certains sont assez connus aujourd'hui. Je pense à un célèbre journaliste de télévision. Il a vécu plusieurs de ces camps.

Il faisait partie de ceux qui se levaient à quatre heures du matin ?

Oui, justement.

Lorsque tu as été aumônier des lycées Racine et Condorcet, la demande spirituelle a été plus forte. Pourquoi ?

L'époque changeait, je pense. Je leur lisais Isaïe : « Tu as du prix pour Moi et Moi, Je t'aime. » Un jour que je lisais cela, j'ai vu des larmes couler des yeux d'un garçon. Je lui ai demandé s'il avait du chagrin et il m'a répondu : « C'est tellement beau ce que tu es en train de nous lire ! » Pour moi le bonheur commençait.

Quel âge avais-tu alors ?

Quarante-cinq ans. Il y avait quinze ans que j'étais prêtre. Quinze années arides sur le plan religieux sans avoir vu lever les graines que j'avais lancées. A Savigny, lorsque je mettais une grande feuille sur le mur en leur demandant d'y inscrire les sujets dont ils voulaient discuter, il y avait vingt à vingt-cinq demandes sur la drogue, vingt à vingt-cinq pour la violence, et une ou deux pour les Évangiles.

Pour un prêtre, c'est dur.

Très dur, et d'autant plus que j'y allais de toute ma passion. Ils résistaient, ils se méfiaient, ils avaient peur d'être endoctrinés. Beaucoup étaient pourtant dans un grand désarroi. Je leur disais, lorsque je ne pouvais pas les recevoir, de glisser un message sous ma porte. Un jour, j'ai trouvé un dessin représentant un jeune en train de pleurer avec cette légende : « Aimez-moi ou je meurs ! » J'avais trouvé cette phrase extraordinaire et je me suis dit : « Au fond, le grand message des jeunes est double. " Aimez-moi ou je meurs " chez les déprimés, ou bien " Aimez-moi ou je mords " chez les violents. »

Cette découverte a été très importante, si bien que lorsque j'ai été nommé à Gif, j'ai aussitôt « mis le paquet » sur le plan spirituel en me disant : « Je suis prêtre. Ma seule ambition est de faire connaître Jésus-Christ et de " nettoyer " Dieu de toutes les images fausses que nous nous faisons de Lui, des fioritures qui empêchent les jeunes de croire en Lui. Les jeunes ont droit à Dieu comme ils ont droit au pain et à la culture. Je vais me battre pour qu'ils y prennent goût. »

Tu as dû connaître des moments très forts ?

Bien sûr ! Plus les années passent, plus l'atmosphère est fervente. Il n'y a pas de programme mais on existe ensemble. On se laisse aimer par Dieu comme on se laisse visiter par le soleil et par la pluie. On se laisse aimer les uns par les autres.

Je pars en montagne avec eux, j'emporte dans mon sac des disques et un lecteur laser et, lorsque nous nous arrêtons, je leur fais écouter par exemple *Jonathan Livingstone le goéland.* Un long silence s'installe ensuite et, au bout d'un quart d'heure ou d'une demi-heure, j'ouvre un Évangile ou les Psaumes, Isaïe, Ben Sira... Nous nous laissons irradier et transformer par cette Présence et nous nous disons : « Mais pourquoi suis-je si heureux ? » Je me souviens qu'un garçon de vingt-quatre ans nous a dit un jour, pendant une messe : « Je vais entrer au séminaire. Si vous saviez comme je suis heureux ! » Tout le monde s'est précipité vers lui pour l'embrasser. Nous étions au septième ciel !

Il faut prendre du temps si on veut être branché en permanence sur la source de l'énergie.

Absolument. Et je dois avoir la sagesse de savoir mettre sur ma porte : « fermé pour cause de prière ». Sinon il me faudra mettre un jour : « fermé pour cause de déprime ». Sans cesse, je dois retrouver mes racines spirituelles. C'est d'autant plus vrai que, dans les camps, même lorsqu'ils sont réussis, les déceptions ne manquent pas.

Tu dois frôler parfois de sérieux ratés ?

Au hasard des souvenirs : nous étions près de Granville, hébergés dans une grande maison où il y avait de l'espace, un jardin. Nous passions une soirée très sympathique en chantant et en faisant griller des poissons sur des feux de braises. Je savais que les îles Chausey se trouvaient au large et j'ai eu l'idée d'emmener les jeunes y passer une journée. J'ai téléphoné pour demander les horaires. Le seul bateau intéressant partait à sept heures. Il nous fallait donc sortir du lit à six heures. Ma proposition a été accueillie par un tollé de protestations et cela d'autant plus que les jeunes avaient projeté une boum qui ne se terminerait guère avant trois heures du matin.

Je voulais leur faire vivre des choses intenses et grandioses et ils refusaient. J'ai parlé aux aînés qui ont fini par les persuader en leur disant qu'ils pouvaient très bien reporter leur boum à un autre moment, après les vacances par exemple.

Finalement, cette sortie a été le sommet du camp. Sur le journal de bord, ils l'ont décrite comme une aventure intense, joyeuse, fabuleuse : balades sur les rochers, sensation du grand large, ramassage de petits coquillages de toute beauté... C'était superbe, mais il m'avait fallu lutter contre cette obsession de la boum qui avait provoqué un blocage.

Il peut y avoir souvent un conflit entre ce qu'ils désirent et ce dont je rêve pour eux. Si j'avais pris plus de temps, je leur aurais parlé des îles Chausey, je leur aurais raconté des légendes, je les aurais fait rêver et alors ce sont eux qui m'auraient demandé : « Est-ce que nous ne pourrions pas aller là-bas ? » Avec les jeunes, la bonne issue ne se trouve pas dans le « il faut », « tu dois », mais dans le désir à faire naître. Là il n'y a pas de recette, c'est une contagion d'enthousiasme.

Et quel est ton plus beau souvenir?

Dans la montagne au clair de lune, à minuit, sous les étoiles, nous avons célébré dans la neige l'une des Eucharisties les plus poignantes qu'il m'ait jamais été donné de vivre. Les jeunes avaient enfoncé devant eux des bougies. Ces flammes vacillantes rendaient translucides les murettes d'une neige poudreuse immaculée. Les chants à quatre voix s'harmonisaient somptueusement avec le décor. *O Christe Domine Jesu, La ténèbre n'est pas ténèbre devant toi, Laudato si o Signore.* Au loin, dans les vallées environnantes, les lumières de tout petits villages formaient des constellations. La qualité du silence et la majesté du paysage s'amplifiaient mutuellement... « Les concepts créent des idoles. Seul le saisissement nous rapproche de Dieu[1]. »

Je pense également à ces moments où, dans la nature, je leur parle longuement de la beauté du sacrement du pardon. Et je les vois venir le demander avec une confiance et une joie totales.

Quiconque a connu de tels instants ne les oubliera jamais. Et il les retrouvera dans l'éternité.

1. Saint Grégoire de Nysse.

En fait, quel est ton but dans ces camps ?

Nous leur proposons de partir à la découverte de tout ce qui est signe de Dieu en eux-mêmes et autour d'eux : beauté de la création, rencontres, événements et saveur du quotidien, cœur à cœur avec Dieu : dans la nature, le silence, la prière et le chant. « Pour moi, m'a dit un jour un jeune, parler à Dieu, c'était comme parler à une botte de foin... Au camp, j'ai découvert que c'était parler avec Quelqu'un. »

Comme dit Picasso : « Le peintre, le poète et le mystique cherchent la cachette de Dieu. »

VI.

Baladin de la tendresse de Dieu

Jusqu'ici tu nous as surtout parlé des camps, mais, tout de même, tu ne fais pas que cela.

Bien sûr que non. Encore que les camps me prennent beaucoup de temps. Il ne suffit pas de les vivre, il faut aussi les préparer, partir à la recherche de lieux privilégiés... Ma passion est de rencontrer des jeunes et je les rencontre partout où je suis invité, dans mon diocèse bien sûr, mais aussi dans les nombreux lycées où je suis appelé à donner des conférences.

Comment as-tu commencé ?

Cela s'est fait tout naturellement. A Savigny, il y a eu jusqu'à quatre cents jeunes qui fréquentaient l'aumônerie en seconde, première et terminale. J'animais cinq à six réunions par jour. C'était aussi passionnant qu'exténuant !

J'ai été invité par des professeurs qui m'avaient connu sur leur paroisse. Ils m'invitaient dans le cadre de leur classe. En classe de français, nous pouvions parler de Pascal par exemple ; en géographie, je pouvais parler de quelque pays récemment visité. Je n'avais pas à chercher les occasions : elles venaient toutes seules.

Il y avait dans une terminale un professeur d'un athéisme virulent. Un jour, des jeunes de l'aumônerie lui ont dit : « Vous venez de nous faire trois cours contre Dieu. Accepteriez-vous un face-à-face avec notre aumônier ? » Le prof n'a pu faire autrement que d'accepter. J'ai prié comme un forcené en disant à Dieu : « Seigneur ! Ce sont Tes couleurs que je vais défendre. A Toi de jouer ! » Dans la classe, on aurait entendu une mouche voler. Il est arrivé qu'un jeune dise : « Ça ne me laisse pas indifférent ce qu'il vient de dire, le prêtre ! »

Que peut-on dire face à un athée déclaré ? Ce professeur et toi, vous n'étiez pas sur la même longueur d'onde !

Si les philosophies sont intéressantes pour nous illustrer le comment de l'existence, elles n'ont pas grand-chose à nous dire sur le pourquoi. Elles nous laissent sur notre faim sur les deux questions essentielles que tout homme doit bien finir par se poser un jour : « D'où venons-nous ? où allons-nous ? » Marx ne dit rien sur la mort. Malgré mon peu de confiance en moi-même, malgré ma pauvreté et ma faiblesse, il y avait une petite voix qui me disait : « Dieu se sert de toi. Il court le risque de faire de toi Son instrument. » Comme dit Tagore : « Seigneur, fais de moi une petite flûte de roseau que Tu puisses remplir de Ta musique. »

Et le prof, fut-il touché ?

Je ne le saurai jamais. C'était un type qui avait sur ses élèves un impact énorme. On m'a affirmé que, chaque année, deux tiers de ses élèves devenaient maoïstes. Quelle époque !

Ce ne serait plus comme ça maintenant ?

Oh que non ! J'ai posé les mêmes questions dans des sondages en 1970 et 1992, en particulier celle-ci : « Dieu, qu'attendez-vous de Lui ? A-t-Il une place dans votre vie ? » On peut comparer les réponses. Dieu revient en force. Mes visites dans les aumôneries et les collèges n'ont commencé qu'à partir de la publication de *L'avenir est à la tendresse*, c'est-à-dire à partir de 1978. C'est alors qu'on m'a invité à rencontrer de grandes assemblées de jeunes.

Ces rencontres avec les jeunes dans les établissements scolaires, comment se passent-elles ?

Je suis invité dans trente à quarante écoles par an. Mon intervention est précédée par la distribution d'un sondage avec sept questions. Les jeunes répondent presque tous, si bien que je peux recevoir entre cinq cents et mille réponses qu'il me faut dépouiller.

Quelles sont ces questions ?

— Qu'est-ce qui t'inquiète aujourd'hui ?
— Quelles sont les valeurs qui t'inspirent ?
— Si tu es croyant, qu'attends-tu de Dieu et qu'attend-Il de toi ?

Ce sont là les principales. La dernière question, « Qu'attends-tu de Dieu ? », est particulièrement révélatrice. Cinquante pour cent n'y répondent pas. Sur ceux qui y répondent, trente pour cent affirment qu'ils ne sont pas croyants. Sur les vingt pour cent qui restent, il y en a à peu près la moitié qui disent : « Je ne peux pas savoir ce que Dieu attend de moi. » Ils ne sont guère plus éclairés à propos de leurs propres attentes concernant Dieu ! Ils attendent souvent de Dieu d'être exaucés de façon magique : qu'Il nourrisse les enfants de la Somalie, qu'Il fasse pleuvoir sur le Sahel, qu'Il répare la couche d'ozone...

A la fin de la conférence, ils me posent directement des questions. Elles se ressemblent souvent d'une région à l'autre :

— Pourquoi avez-vous choisi la religion chrétienne ?
— Pourquoi êtes-vous prêtre ?
— Pourquoi vous intéressez-vous aux jeunes ?
— Pourquoi tant de violences dans le monde ?
— Pourquoi les religions sont-elles si différentes ?
— Pourquoi les croyants voient-ils en Dieu un refuge ou une bouée de sauvetage ?

Que leur réponds-tu ?

Je leur demande de relire la Bible. Est-ce que Dieu a été un refuge pour Abraham lorsqu'Il lui a fait quitter son pays sans même lui dire où il devait aller ? A-t-Il été un refuge pour

Moïse en lui confiant pour mission d'organiser un peuple récalcitrant, plus intéressé par le veau d'or et les oignons d'Égypte ? Est-ce qu'Il a été un refuge pour les prophètes ? Dieu ne semble être un refuge que parce qu'Il a été dénaturé, parce qu'on a fait de Lui un petit dieu de poche individuel et portatif. La plupart des jeunes croyants s'imaginent que Dieu va résoudre leurs problèmes à leur place. Ce n'est pas là le vrai visage de Dieu ! Dieu répète dans la Bible : « Je ne suis pas Celui que vous croyez. » Si Dieu est un magicien, Sa baguette magique, c'est nous ! c'est vous, dès aujourd'hui !

Les images que l'on se fait de Dieu au cours de la jeunesse sont décisives pour la vie entière. Ma mission est d'aider les jeunes à se débarrasser des clichés qui traînent sur le compte de Dieu et qui défigurent Son visage.

Revenons un peu aux réponses qu'ils donnent à tes questions.

C'est intéressant de les comparer selon les époques. Il y a huit ans, par exemple, à la première question : « Quelles sont les valeurs qui t'inspirent ? », ils étaient peu nombreux à citer la famille. Alors que, maintenant, la famille revient, en même temps que l'amitié, la camaraderie et la liberté. L'amour est presque toujours cité en première ou seconde ou troisième position.

Que répondent-ils à la question : « Qu'est-ce qui vous inquiète aujourd'hui ? »

La pollution, les guerres, la montée du chômage, le sida, l'intolérance...

Une question m'intéresse particulièrement : « Qu'attends-tu des parents, des enseignants, des prêtres ? » Les réponses sont toujours très nettes :

— Pour les parents : « Qu'ils me comprennent... qu'ils m'écoutent... qu'ils soient patients... qu'ils me prennent comme je suis... qu'ils me conseillent lorsque j'ai des conseils à demander... qu'ils me consolent lorsque j'ai un chagrin... qu'ils n'interrompent pas mes confidences... »

— Pour les professeurs : « Qu'ils s'intéressent à leurs

cours et sachent les rendre vivants... qu'ils nous considèrent comme des interlocuteurs valables et non comme des enfants... qu'ils ne nous jugent pas uniquement sur nos notes... qu'ils nous préparent à la vie... » Bref, ils n'attendent pas seulement des enseignants qu'ils enseignent.

— Pour les prêtres : cinquante pour cent des copies restent blanches. On a le même phénomène que pour la question : « Si tu es croyant, qu'attends-tu de Dieu ? qu'attend-Il de toi ? » Trente pour cent répondent : « Rien » et les vingt pour cent restants : « Que les prêtres soient ouverts, compréhensifs, qu'ils n'aient pas un discours préfabriqué sur Dieu, qu'ils ne passent pas leur temps à nous sermonner, qu'ils arrêtent de nous obliger à croire. »

Et ce sont des écoles catholiques ?

La plupart des parents n'envoient pas leurs enfants dans une école catholique pour que la foi leur soit transmise mais parce qu'ils pensent y trouver une meilleure discipline et qu'ils estiment leurs enfants moins exposés aux grèves des professeurs ou à la drogue.

Autre question : « Quelles sont tes motivations profondes ? » Ils veulent réussir dans la vie, ce qui à leurs yeux veut dire avoir de l'argent, du pouvoir, une bonne réussite sociale. Beaucoup plus rares sont ceux qui répondent : « Je veux réussir ma vie... » Très peu ont pour motivation d'améliorer ce monde. En fait, le plus intéressant, c'est l'impulsion que ce genre d'intervention peut donner. Des échanges se prolongent, entre les jeunes, avec des animateurs ou avec des professeurs. Un jour, je parlais de la solitude de certains jeunes, une jeune fille est intervenue pour dire : « Vous venez exactement de décrire ce que je vis », et elle s'est mise à pleurer. Une autre lycéenne s'est levée et s'est assise à côté d'elle en lui prenant la main. Elles sont devenues de grandes amies depuis ce jour-là.

J'ai envie d'ajouter ici une phrase que je leur ai dite un jour et qui les a touchés : « Accrochez votre vie à une étoile... sinon vous la retrouverez suspendue à une pantoufle ! »

VII.

L'âme au quotidien

Nous avons été très impressionnés par cette boulimie d'amour qui habite tant de jeunes que tu rencontres et par ce double cri : « Aimez-moi ou je meurs » et « Aimez-moi ou je mords ». Pouvons-nous partir de là pour essayer de mieux connaître les jeunes ?

Plus je vais et plus je prends conscience que Dieu est pour eux une question de vie ou de mort. Ce n'est pas de la littérature, ce n'est pas une formule : c'est vrai.

Vois-tu une relation entre le matérialisme et leur marasme ? Carlo Carretto nous a dit un jour, et cela s'applique aux drogués comme aux autres : « Les plus pauvres dans le monde ne sont pas ceux qui manquent de pain, mais ceux qui manquent de Dieu. »

Un jeune m'expliquait ainsi son recours à la drogue : « Tu roules en voiture dans la montagne et tu tombes sur un éboulis, avec un énorme rocher qui barre le chemin. Il faut absolument que tu passes de l'autre côté. Que vas-tu faire ? Heureusement, tu as quelques bâtons de dynamite avec toi. Tu les mets sous le rocher et tu le fais exploser. On nous a mis dans la tête des rochers qui nous empêchent d'avancer. C'est toujours : " Tu dois, tu dois... " La drogue, c'est comme la dynamite : elle nous permet de faire sauter ce carcan de moralisme. »

Quand on parle des drogués, on se demande toujours

comment faire pour les aider à s'en sortir. On demande rarement pourquoi ils y sont entrés.

Il m'arrive d'être invité dans des émissions sur la drogue. J'ai quelque chose à dire de la part de ceux qui ne peuvent plus parler : « Comment se fait-il que vous n'ayez pas compris notre cri ? » Lorsqu'on a passé des centaines d'heures à les écouter, on comprend mieux. C'est fou, ce que ces jeunes ont besoin de parler !

On s'est trompé en pensant que la pauvreté matérielle était la plus grande misère. Le manque le plus difficile à supporter, c'est l'absence de Dieu dans une vie. Il est vrai que les pauvres économiques sont souvent aussi dépossédés de Dieu. La première privation rend l'autre encore plus dure. Quelle souffrance de se dire : « Je suis né pour rien, je vais mourir pour rien et, dans l'intervalle, pourquoi serais-je quelque chose ? »

Que penser de ceux qui sont sans Dieu et qui s'en trouvent très bien ?

Ceux-là ont d'abord échappé aux contrefaçons religieuses. Je me souviens de cette question que se posait un journaliste revenant du Japon : « A quoi les Japonais ont-ils échappé en n'accueillant pas le christianisme ? » Et il se répondait à lui-même : « Ils ont évité la culpabilisation dans le domaine sexuel. » Pour moi, l'athée est celui qui se débarrasse de l'aspect névrotique d'une religion mal comprise et mal interprétée.

N'est-il donc pas normal que cet athée se sente bien dans sa peau s'il a bénéficié d'influences heureuses et d'un amour très fort dans sa vie ?

Sans doute, mais j'ai le sentiment que Dieu pourrait multiplier par cent son bonheur.

L'un des plus beaux mots de la langue française est le mot enthousiasme. Il y a Dieu dans ce mot : *Théos.* Lorsqu'on est en Dieu, la ferveur, la joie, une certaine qualité de paix et de bonheur suivent dans Son sillage. Je me demande comment l'athée réagit, devant sa propre mort ou celle d'un être cher, pour échapper au sentiment de non-sens, d'absurde, de vide. Ce n'est pas tenable !

Pour être enthousiaste, il suffit d'aimer ! Peut-on définir l'amour ?

Dans l'Évangile, il y a un texte généralement mal compris où le Christ dit aux pharisiens : « Vous filtrez le moucheron et vous avalez le chameau. » Autrement dit : « Vous donnez une importance capitale à des points secondaires et vous délaissez ce qui est essentiel. » Le chameau, c'est « la justice, la miséricorde et la vérité » ; la justice, au sens du mot hébreu, c'est-à-dire le respect, l'attitude juste vis-à-vis de Dieu et de ses semblables. La miséricorde, c'est notre cœur qui s'ouvre à la misère : « Quand tu souffres, j'ai mal. » La vérité, c'est être vrai, authentique. Lorsqu'on est avec des jeunes, on peut leur dire : « Il faut que le peuplier soit un peuplier, que le chêne soit un chêne, le cactus un cactus. Moi, je n'ai rien d'autre à faire que de mettre autour de toi assez de lumière et assez d'eau pour que la plante que tu es puisse devenir ce qu'elle est. »

Aimer un être, c'est créer autour de lui les conditions de sa croissance. Ce n'est pas lui dire : « Tu iras là ; c'est là que Dieu t'appelle. » Non ! Je n'en sais rien. Il faut que le regard de l'éducateur te permette de croire en toi, de croire que tu es unique et que ta vie est très précieuse.

Comment les jeunes perçoivent-ils ce message aujourd'hui ?

Comme ils ne l'ont jamais perçu. A l'époque où j'ai été ordonné prêtre et pendant de nombreuses années, c'était plutôt le calme plat. Il n'y avait pas ce *revival*, ce surgissement de spiritualité que nous connaissons aujourd'hui.

Tu as donc le sentiment qu'entre les jeunes de tes débuts et ceux d'aujourd'hui, il y a une différence de climat spirituel ?

Du moins se sont-ils aperçus que la société de consommation à laquelle ils avaient tant rêvé ne leur apportait pas le bonheur. De plus, les idéologies, qui étaient grandes pourvoyeuses de rêves, se sont effondrées. Elles n'ont d'ailleurs pas attendu la faillite de l'URSS.

Mais est-ce que les Églises, en tant qu'idéologies, ne sont pas en train de s'effondrer aussi ?

On parle souvent dans les médias de la faillite de l'Église. Un jeune m'a dit un jour : « Jésus-Christ O.K., l'Église K.O. » Moi je constate que, même dans les pires moments, il y a toujours eu le germe d'un renouveau. Il suffit d'un seul François d'Assise. Je constate que ça bourgeonne de partout en ce moment. Beaucoup ne s'en aperçoivent pas encore. Les petites communautés qui vivent au plus près de l'Évangile ne font pas de bruit.

Ce qui s'écroule, n'est-ce pas plutôt cette idéologie religieuse qui véhiculait les contrefaçons de Dieu dont tu as déjà parlé ?

Oui, mais ce n'est pas l'Église ! Il s'agit d'institutions qui ont perdu leur âme. Je ne veux jeter la pierre à personne. Est-ce que saint François d'Assise a jugé l'Église de son temps ? Il s'est contenté d'entendre le Christ lui dire : « *François, viens, répare mon Église !* »

Je voudrais m'arracher définitivement du cœur l'envie de juger qui que ce soit. Pas même ceux qui m'ont fait le catéchisme au nom d'un dieu qui nous mettrait peut-être en enfer et qui semblait se réjouir d'avoir assez de combustible pour ses fours crématoires éternels ! Il m'est bien arrivé à moi aussi de culpabiliser une jeune fille que j'avais trouvée en train de flirter avec un inconnu. En chacun de nous, il y a un teigneux qui sommeille !

Y a-t-il homogénéité chez les jeunes ?

Chez eux, comme dans le reste de la population, il y a des courants variés, des sensibilités diverses. Certains sont uniquement orientés vers ce qu'on peut changer dans la société et s'inscrivent dans un parti politique de droite ou de gauche. D'autres plongent dans la mystique et affirment que le monde ne sera sauvé que par la prière. D'autres encore s'engagent dans des mouvements d'Action catholique, bien que cela ne fasse pas trop recette aujourd'hui. D'autres enfin sont très conservateurs et vont dans des mouvements comme « la Contre-Réforme ». Ils sont très rares mais ils existent.

J'ai reçu un jour une jeune fille qui m'a dit en pleurant : « Dieu ne va pas supporter plus longtemps que le monde s'abîme dans le péché ! Il va faire un nouveau déluge ! Paris sera englouti, etc. » Elle était belle comme le jour, mais elle voulait que Paris soit détruit. J'avais devant moi un ange exterminateur !

Tu as tout de même le sentiment que nous sommes en train de vivre un retour vers les valeurs spirituelles...

Il s'agit d'une fonte des glaces, d'un dégel de tout ce qui avait été figé. Daniel Gélin a dit récemment à la télévision : « Ce qui est nouveau, c'est qu'on peut enfin prononcer le mot âme. » On avait trop oublié autrefois que l'homme s'enracine dans une société concrète avec ses besoins précis. Matériellement, économiquement, culturellement, il y avait des transformations à opérer. Au nom de l'âme, on avait méprisé le corps. Il y a eu un contrecoup ! Aujourd'hui, de plus en plus nombreux sont ceux qui commencent à comprendre que, si on ne se réforme pas soi-même, il est inutile de vouloir réformer la société. L'histoire bégaie.

A quoi est dû ce changement?

J'y vois deux causes principales. D'une part, le matérialisme n'a pas tenu ses promesses. Et secundo, il y a eu des prophètes qui n'ont cessé de nous dire : « Stop, ça suffit ! »

Je pense en premier lieu à Maurice Clavel. Dans un film, *Le Soulèvement de la vie*, il montre une fontaine et dit : « Voilà comment est l'âme humaine. Elle coule, elle est pure, transparente et voilà ce qu'on en fait depuis un siècle ou deux. » En disant cela, il presse la paume de la main sur la bouche de la fontaine et l'eau éclabousse partout. Il reprend : « Et cela donnera des éclats de violence, de drogue, de révolte, de suicides. Vous vous demanderez pourquoi et vous châtierez cette jeunesse pour ses déviances, alors que vous-mêmes, vous en êtes la cause. »

Oui, Maurice Clavel a été un prophète. J'ai eu la chance de le rencontrer. Je l'estimais beaucoup. Il a interprété Mai 68 en proposant cette clé : L'Esprit-Saint était à l'œuvre dans le monde. Lui qu'on avait chassé par la porte, voici qu'Il revenait par la fenêtre. Il rentrait par effraction et d'une manière sauvage. Plus tard, nous avons vu surgir les mouvements charismatiques. Il y a eu aussi tous ceux qui sont allés en Inde pour y vivre une expérience spirituelle. Lorsque je suis allé en Inde en auto-stop, en 1968, j'ai rencontré une noria de jeunes qui s'y rendaient ou qui en revenaient.

Mais il y en a qui s'y sont perdus.

C'est vrai ! Lorsqu'on sort de chez soi, on court toujours un risque ! Je suis allé dans de nombreux ashrams de l'Inde et j'ai eu avec de jeunes Occidentaux des dialogues qui m'ont impressionné. En voici un que j'ai noté aussitôt après :

« Pourquoi es-tu ici ?

— Pour découvrir que j'ai une âme.

— Et qu'as-tu découvert ?

— Que la vie vaut plus que tout le reste. Chez moi, il y avait trois voitures, quatre téléviseurs et je n'étais pas heureux. Je ne comprenais pas pourquoi je vivais. Je suis venu chercher un maître spirituel et il m'a dit : " Existe, prends conscience du fait que tu existes, du *je* que tu es, descends dans ton être profond, écoute le silence qui est en toi. " »

Ce jeune était transformé et tant d'autres l'ont été comme lui !

Et toi, as-tu été transformé par ce voyage en Inde ?

Je ne suis pas revenu le même. Peu après mon retour, j'ai été invité par le club culturel d'un grand lycée de trois mille six cents élèves. J'ai parlé de ces voyages intérieurs. Des professeurs marxistes ont porté plainte : « Ce type vient raconter des chimères à nos lycéens. La laïcité n'est pas respectée ! » Ils ont exigé que cela cesse.

Tu parles d'un retour aux valeurs et à la spiritualité. Parmi les valeurs qui furent les plus contestées, il y a la famille. Où en sommes-nous aujourd'hui ?

Après Mai 68, nous avons eu le sentiment que les jeunes se méfiaient plutôt de la famille. Ils se disaient : « Elle veut me bourrer le crâne et me faire passer sur ses rails. Or je veux être différent, je veux inventer ma propre vie, cesser d'être une photocopie du modèle culturel proposé par les parents et les grands-parents. » Aujourd'hui, nous assistons au phénomène inverse : alors que les jeunes des années soixante quittaient leurs familles le plus vite possible, aujourd'hui, ils ne parviennent pas à s'en détacher. Tu vois des étudiants de vingt-six ou vingt-sept ans qui semblent vouloir quitter le cocon familial le plus tard possible. Le fameux conflit des générations s'est singulièrement atténué.

Cela veut-il dire qu'on dialogue davantage au sein de la même famille ?

Pas sûr ! Les jeunes et leurs parents vivent plus longtemps ensemble, mais cela ne veut pas dire qu'ils se parlent davantage. Tout le monde est dévoré par son emploi du temps. Les jeunes, on ne leur laisse pas beaucoup d'espace pour dialoguer avec ceux qu'ils aiment. Même les week-ends qui pourraient être si précieux sont mangés par le travail. Quant aux parents, ils sont fatigués et, le soir, ils s'écroulent devant la télévision. Il n'y a plus beaucoup de temps pour la rencontre et la vie familiale est assez pauvre.

Malgré cela, les jeunes mettent aujourd'hui la famille en tête des valeurs auxquelles ils sont attachés. Ils y voient un repère, une réalité qui ne bouge pas trop dans la débâcle des idéologies et des valeurs.

Pourtant, à Paris, il y a presque deux divorces sur trois mariages. Est-ce que tu ne prends pas tes désirs pour la réalité ?

Disons qu'ils voudraient bien que ce domaine-là soit un point de stabilité. Et c'est peut-être pour cela qu'ils hésitent tant avant de s'engager sur le chemin du mariage. J'en entends tellement me dire : « Nous nous unirons quand nous serons certains de notre choix. Nous ne voulons pas connaître le sort de Pierre, Paul ou Jacqueline. On en prend pour soixante ans lorsqu'on se marie. Il faut tout de même y regarder à deux fois ! »

Voilà ce qui explique peut-être la cohabitation juvénile. Là aussi, je me garderai de généraliser ! Autre est la relation d'un garçon qui vit avec une fille pour échapper à la solitude, autre la relation de deux êtres qui s'aiment vraiment. On va mettre la même étiquette sur deux réalités complètement différentes.

Est-ce que tu n'as pas l'impression que la famille est plus fragile qu'elle ne l'a jamais été ?

Elle est très fragile ! Les jeunes sont perturbés lorsqu'ils sont écartelés entre deux parents. Les parents ne se rendent pas toujours compte des dégâts qu'ils font s'il leur arrive de dire du mal de leur conjoint devant leur fils ou leur fille. C'est triste que les enfants fassent les frais de cette rupture.

Il n'est pas simple aujourd'hui d'être parents ! S'ils te demandent conseil, que leur dis-tu ?

Je souhaite qu'ils saisissent toutes les possibilités de dialogue avec leurs enfants. Cela demande assez de discernement pour bien choisir leur moment, l'occasion qui favorise l'échange. Il est bon par exemple d'aller voir ensemble un film de valeur, un après-midi. Ensuite, on peut parler. Les confidences viennent d'elles-mêmes.

J'ai employé à dessein le mot « dialogue », car la relation entre parents et jeunes ne peut être une relation à sens unique. On ne va pas demander à un jeune de se livrer à des confidences si, soi-même, on n'est pas prêt à se confier. Tout en étant attentif à ne pas faire peser sur lui une difficulté, un problème, un doute, une angoisse... Le jeune a besoin de voir en l'adulte un vivant, quelqu'un qui le stimule, le pousse en avant, l'aide à croire en l'avenir.

Si les adultes sont de grands vivants, les jeunes comprendront que devenir adulte n'est pas une sclérose. Si les adultes se sont donné le droit d'exister, les jeunes verront que quitter l'adolescence, ce n'est pas être plus figé, privé d'émerveillement mais au contraire agrandir son cœur à des dimensions de plus en plus vastes.

« Ce qui ne me tue pas me rend plus fort », a dit Nietzsche. L'adulte est quelqu'un qui a traversé un certain nombre de tempêtes et qui n'est pas mort. Il peut témoigner auprès de son fils ou de sa fille du fait que la vie n'est pas un tapis rouge qu'on déroule sous ses pas. Mais il peut témoigner aussi de ce que, loin de l'abattre, les épreuves l'ont mûri !

C'est dur pour un jeune d'avoir un père ou une mère qui s'ennuie ou qui rumine ses problèmes et jette ses rancœurs à la face de tout le monde. Le jeune a besoin d'avoir devant lui un battant, un être libre montrant par ses attitudes et ses paroles que la vie vaut la peine d'être vécue, qu'elle est un cadeau magnifique.

Ce qui voudrait dire qu'avant de vouloir changer un jeune, il faut d'abord avoir travaillé sur soi-même.

En fait, souvent, l'adulte trouve le courage de se transformer lui-même par amour pour ses enfants. La volonté de changer quelqu'un n'est pas saine. Des parents ont la tentation de se dire : « Mon fils est trop sauvage, trop paresseux, trop insouciant, je vais le changer. » Ils le font d'une manière volontariste et cela provoque la déprime, la révolte, ou des vies très monotones.

Je crois davantage à la contagion de l'exemple. En existant pleinement devant un jeune, on allume en lui ce qui peut prendre feu. J'aime la légende indienne du petit lion qui a été adopté par des moutons. Il se prend pour un mouton, il broute, il bêle, il s'identifie aux autres moutons parce qu'il ne connaît que cela. Un jour, il voit arriver un vrai lion qui pousse un vrai rugissement. Le lion adulte l'entraîne devant un étang et lui suggère de se regarder dans l'eau. A ce moment-là, le petit lion découvre sa vraie nature et se met à rugir. Comme ce petit lion, l'enfant doit découvrir sa vraie nature en voyant dans son père ou sa mère des êtres vraiment vivants qui se sont donné le droit d'exister dans leur différence.

Cela suppose que les parents aient éliminé d'eux-mêmes toute crainte. Malheureusement trop de parents vivent dans l'angoisse de l'avenir pour leurs enfants. Ils ont peur s'ils ne travaillent pas assez, peur s'ils ont tel ou tel défaut, peur de la vie, peur du chômage, de la drogue, du sida...

Cette crainte est mauvaise conseillère. J'aimerais dire aux parents : « Ne soyez pas angoissés. Vos enfants vont ressentir votre angoisse en la multipliant. Cela va nuire à leur évolution. Soit ils vont vouloir vérifier le pouvoir qu'ils ont sur vous et, connaissant votre talon d'Achille, appuyer là où ça fait mal. Soit ils vont être pris de panique en se disant : " Si j'échoue, que vont dire mes parents ? " »

En parlant ainsi, tu dois avoir des visages devant les yeux ?

Bien sûr ! Mais je ne me sens pas le droit de faire revivre ici des visages précis. Ils ne sont pas des objets. Leur vie est unique. Elle est sacrée.

Chaque semaine, des parents viennent me voir pour me dire leur tourment. En les écoutant je comprends toujours plus à quel point l'amour est une question de vie ou de mort. La réponse n'est pas de philosopher à perte de vue mais d'apporter une compensation d'amour à tous ceux qui n'en ont pas eu assez. Quand on parle de péché du monde, ce n'est pas de la littérature. Les malheurs s'engendrent !

Mais un jour, ce cycle doit s'arrêter.

Il s'arrête lorsque tel ou telle a le courage de dire : « Je vais faire de ma blessure une fenêtre, une ouverture. Je vais transformer mon humiliation en trésor. » C'est bien autour d'un grain de sable que l'huître compose sa perle !

Qu'y a-t-il de nouveau dans la famille aujourd'hui ?

Je suis invité chaque semaine par les adultes d'une paroisse ou les parents d'un lycée. Je propose environ une quinzaine de thèmes, au choix. Ce peut être : « De quel Dieu les athées sont-ils athées ? » ou « Dieu a besoin des hommes » ou « Les rendez-vous de Dieu ». Le thème qui m'est le plus souvent demandé est celui-ci : « Quelles sont les attentes des jeunes ? » Les parents ne manquent pas de poser des questions, manifestant ainsi leur immense désir d'être à la hauteur de ces attentes, de correspondre à ce que les jeunes espèrent.

Et les jeunes qui viennent à ces soirées entendent leurs parents poser des questions passionnées : « Que peut-on faire avec un jeune qui n'a envie de rien ? », « Que peut-on dire à un jeune qui croit que Dieu n'existe pas, ou qu'Il est un être cruel ? » Il arrive qu'un dialogue s'engage ensuite entre parents et enfants.

Cela se prolonge au-delà de la conférence. Des jeunes ou des parents m'écrivent, me posent d'autres questions qu'ils n'ont pas osé évoquer en public. J'ai reçu des témoignages impressionnants.

Certains sociologues disent que les jeunes sont peut-être en train de prendre de nouveau au sérieux la famille, que le mariage revient en force.

Je sens chez beaucoup le désir de former un couple mais il y a en même temps la crainte de ne pas réussir. Ils voient tellement d'échecs autour d'eux, tellement de souffrances. Chaque année, j'anime des retraites de fiancés. Ils veulent se donner totalement l'un à l'autre et sentent à quel point la foi peut être une aide, une fontaine de rajeunissement pour leur amour. Beaucoup ont le sentiment que c'est Dieu qui les appelle à s'aimer, qu'Il a une mission à leur confier.

Mais pourquoi restent-ils si longtemps dans leur famille ?

La vie matérielle est de plus en plus difficile. Les jeunes sont touchés de plein fouet par le chômage. Leur vie de couple à l'essai peut se solder par un échec. La famille peut leur offrir une certaine sécurité.

Je connais des parents qui n'en peuvent plus et qui reprochent à leurs enfants de faire de la maison familiale une auberge.

D'autres, par contre, sont heureux de les garder auprès d'eux. Pour beaucoup d'adultes aujourd'hui, l'enfant est la réussite essentielle de leur vie, leur chef-d'œuvre. Ils sont prêts à « investir » énormément pour lui. Le jeune aurait peut-être plus de chances de s'épanouir s'il ne sentait pas cette attente démesurée, s'il n'était pas perçu comme l'unique source de réussite. Beaucoup de parents font de leur enfant un absolu.

Surtout ceux qui n'ont pas réussi comme ils l'auraient rêvé. Ils veulent que leurs enfants réussissent à leur place.

Ce qui me passionne, c'est de pressentir l'être original, unique, la pierre précieuse dissimulée parfois dans une gangue. Cette originalité qu'ils portent en eux, j'ai très envie de les aider à la découvrir.

N'est-ce pas d'abord le rôle de la famille ? Ou de l'école ?

La famille peut être le terreau, le climat favorable, le soleil et la pluie, mais vous savez bien que ce n'est pas toujours le cas. Quant à l'école, elle devrait permettre au jeune de faire l'inventaire de ses talents, de ses ressources. Mais ni la famille ni l'école ne peuvent développer sa personnalité à sa place.

Plus que jamais, peut-être parce que la société semble avoir perdu les repères habituels, les jeunes sont à la recherche de leur identité. Ils ont peur que leur originalité soit gommée. Ils ont peur de passer à côté de l'essentiel, de ne pas réussir leur vie. C'est long une vie ratée ! Beaucoup ont la panique à fleur de peau. Ils ont besoin de quelqu'un qui les aide à réfléchir, à se poser les bonnes questions, à découvrir que Dieu les aime et les accepte comme ils sont. Ils ont besoin aussi de savoir à quoi, à qui ils pourraient bien servir, où ils pourraient donner leur générosité, libérer leur trop-plein de vitalité. Ils ont besoin de se relier entre eux, de communiquer, de se retrouver dans des groupes. Loin d'être chacun isolé dans sa bulle, ils se voient beaux dans les yeux de ceux qui les voient beaux, laids dans les yeux de ceux qui les voient laids.

Nombreux sont ceux qui se méfient de l'amour, au moins d'une certaine forme d'amour. Ils font leur cette parole de Prévert : « Tu dis que tu aimes les fleurs, tu les coupes ; tu dis que tu aimes les poissons, tu les manges ; tu dis que tu aimes les oiseaux, tu les mets en cage ; quand tu dis que tu m'aimes, j'ai peur. » Le mot « Je t'aime » ne règle pas tout. Si on aime mal, on étouffe la personne que l'on croit aimer. C'est bien plus facile de dire « Je t'aime » que d'accepter d'être dérangé dans son confort physique, moral, intellectuel. Dans la relation à autrui, la plus grande difficulté est de ne pas interpréter les réactions de l'autre ou ses propos de façon négative.

Comment faire pour avoir du discernement dans ce domaine ?

Je tâche de leur faire comprendre qu'ils doivent essayer d'aimer comme le Christ aime : « Aimez-vous les uns les autres comme Je vous ai aimés. » Il a aimé en prenant des risques pour ceux qu'Il aimait. Cet amour ne recherche pas la sécurité. Jésus n'arrête pas de prendre la défense des marginaux de son temps.

Souvenez-vous de cette femme que Jésus rencontre chez Simon le Pharisien. Tout le monde se moque d'elle et de Lui en même temps en disant : « Si cet homme était un prophète, il saurait qui est cette femme... Elle est en train de le draguer. Quelle honte ! » Lui, Il va la réhabiliter publiquement. « Tu as vu, Simon, cette femme ? Je suis entré chez toi et tu n'as pas célébré ma venue comme celle d'un ami. Elle, elle l'a fait et plus encore : ce n'est pas l'eau de la citerne qu'elle a prise pour essuyer mes pieds, mais l'eau de ses larmes. » Ce texte est d'une beauté exceptionnelle. Zefirelli, dans le film *Jésus de Nazareth*, a bien montré la transfiguration du visage de cette femme, devenu soudain lumineux parce qu'elle se sent regardée comme elle ne l'a jamais été.

Nous avons là la quintessence de l'amour. Ce qui m'étonne

le plus chez les jeunes, c'est leur grande sensibilité à tout ce qui touche à l'amour. C'est la seule valeur qui les intéresse, le seul pôle qui fasse bouger l'aiguille de leur boussole. Ils se plaignent du fait que l'institution scolaire leur laisse trop peu de temps pour la rencontre et l'amitié, l'échange et tout ce qui est du domaine de la gratuité. A force de ne mobiliser leur énergie que pour apprendre, apprendre et apprendre encore, ils ont le sentiment qu'on les prépare seulement pour la compétition et la jungle, qu'on risque de marginaliser l'amour. En réalité l'amour est fort. On a beau le réduire, il résiste à tout !

Parmi les questions qu'ils me posent le plus souvent, il y a celles-ci : « Est-ce que la société de compétition dans laquelle nous vivons ne finit pas par tuer l'amour ? Qu'est-ce qui est le plus important, la réussite professionnelle ou la générosité ? »

Je trouve fantastique cette façon qu'ils ont de nous ramener toujours à l'essentiel.

Nous avons beaucoup parlé de l'amour, mais peut-être l'amitié, pour eux, est-elle encore plus importante.

L'amour dont je parle inclut l'amitié bien sûr ! L'amitié, cela signifie : « Je me sens accepté avec le meilleur de moi-même. » Cela veut dire aussi : « Je sais que le monde doit être regardé à deux. » Et encore : « Je n'existe pas pour moi seul. De même que mes yeux sont faits pour contempler le monde extérieur, de même mon cœur est fait pour m'orienter vers un autre être. Lorsque j'aime, je suis vivant. J'aime, donc je suis... » Voilà les vérités qu'ils ne cessent d'expérimenter. Et voilà pourquoi un écrivain comme Khalil Gibran les touche, qui va leur dire : « Quand tu aimes, tu es dans le cœur de Dieu. » Cela, ils le comprennent instinctivement. Ils le vivent. L'amour est la plus belle trace de Dieu dans le cœur de l'homme.

La révélation biblique apporte une caution d'une solidité inouïe à leurs intuitions. N'est-ce pas le Dieu de l'Alliance qui ne cesse de répéter : « Aime et tu vivras » ? Et saint Jean : « Nous savons que nous sommes passés de la mort à la vie parce que nous aimons nos frères. » Et encore : « Celui qui aime est né de Dieu. Celui qui n'aime pas ne connaît pas Dieu, car Dieu est amour. » Il y a tant de jeunes qui sont spontanément sur cette longueur d'ondes ! Ils sentent que là est vraiment le Chemin, la Vérité, la Vie !

Tout de même l'amour, l'amitié, ce n'est pas si facile.

C'est vrai ! Des dépouillements accompagnent les chemins de l'amour. Le labour du cœur est nécessaire pour l'ensemencement et la germination.

Il y a dans *Lettres à un jeune poète* une très belle page de Rilke que je leur lis souvent et que je cite ici de mémoire : « Les jeunes, quand ils sentent l'appel de l'amour, se fondent l'un dans l'autre. Mais leur être n'est encore que balbutiements. Ils appellent amour cette fusion entre deux projets trop vagues, et ils se trompent et se perdent. Alors qu'ils auraient dû thésauriser longtemps avant d'offrir à l'être aimé ce trésor qu'est leur être profond. »

Comment le leur reprocher ? S'ils sont impatients, c'est qu'ils ont trop besoin d'amour.

Il est vrai que, par la force des choses, les adultes qui les entourent ne leur en donnent jamais assez. C'est pourquoi ils se précipitent avec tant d'avidité sur tout ce qui ressemble à l'amour...

Et qui n'est souvent qu'un ersatz...

Je leur dis parfois ceci : « Dieu vous a inventés pour vivre un amour infini, absolu. Mais sur terre, vous ne rencontrerez que des reflets de cet amour, des bribes, des échos. Surtout, ne vous plaignez pas en disant : “ Qu'ai-je à faire d'un écho, d'une bribe ou d'un reflet ? C'est l'Absolu que je veux. ” Je vous en prie : prenez ce qui vous est donné ! Vous avez faim d'un sanglier braisé entier, prenez déjà le petit morceau qu'on vous propose. » Les jeunes passent parfois à côté de l'amour justement parce qu'ils sont trop exigeants, parce qu'ils veulent une forme parfaite d'amour. Sur cette terre c'est introuvable !

De l'amitié, ils vont donc passer à l'amour de couple, et là ils entrent dans un univers merveilleux. Dieu, qui n'est qu'Amour, est présent dans tout amour. Le couple humain, c'est Son chef-d'œuvre et Son portrait : « Dieu fit l'homme à Son image. Homme et Femme Il le créa. » L'homme a rompu le lien d'amitié avec Dieu et les conséquences de cette rupture sont bien montrées dans la Genèse : l'être humain perd toute harmonie. « Ils virent qu'ils étaient nus et ils en eurent honte. » L'instinct que l'amour devait transfigurer s'installe à son compte. Adam accuse Ève. Ils étaient faits pour s'épauler l'un l'autre et voilà qu'ils ne se soutiennent plus. Caïn tue Abel : il en est jaloux. Ils étaient faits pour être frères et Caïn, après son crime, hausse les épaules : « Suis-je le gardien de mon frère ? » Enfin, dans la société, les hommes ne s'entendent plus : c'est la tour de Babel. Voilà la clé de ce que nous racontent les journaux, tous les jours !

Lorsqu'on se sépare de Dieu, la connexion avec le reste de l'univers est perdue. On n'est plus en paix avec soi-même, ni avec son conjoint, ni avec son frère. C'est le désordre.

Si on recherche Dieu, ou plutôt si on se laisse trouver par Lui, tout le reste retrouve sa place. Sinon il y a toujours la méfiance. Le doute s'insinue dans les relations humaines : « Est-ce que tu es capable de m'écouter, de me comprendre ? Qui aimes-tu quand tu m'aimes ? » Il devient difficile d'accueillir l'autre dans sa différence. Si tu aimes la photo plus que tu n'aimes ton prochain tu vas l'humilier parce qu'à ton avis il est en train de gâcher de la pellicule. Si tu aimes l'exactitude plus que tu n'aimes ton conjoint tu vas l'humilier parce qu'il n'a pas respecté l'heure d'un rendez-vous. Il y a en nous une pente, une pesanteur. La grâce nous élève vers le haut et une pesanteur nous attire vers le bas. L'amour sera toujours conquis sur son contraire, c'est un défi. Je cite souvent un proverbe persan, très réaliste, et qu'il faut faire mentir : « On ne doit pas demander l'amour à la nature humaine ! Ce serait comme demander à une rose de fleurir sur un marais salant. » Dieu s'est dit : « Je vais montrer qu'il est possible de faire fleurir la rose de l'amour sur le marais salant de l'intérêt ou de l'instinct. »

Que vient faire ici l'instinct ?

Il y a en tout homme deux instincts fondamentaux : l'instinct de conservation et celui de reproduction. Tout animal a besoin de se nourrir et, pour cela, il doit mettre en œuvre une certaine agressivité lui permettant de trouver sa nourriture et de se défendre. Il doit aussi se reproduire pour que l'espèce ne meure pas. L'étalon fera péter toutes les barrières pour rejoindre la jument qui est dans le pré d'à côté.

Dieu veut faire pousser une fleur divine sur le marais salant des instincts. Il nous dit : « Je Me livre à toi pour que tu réussisses ta vie. Je suis prêt, pour cela, à accepter toutes les humiliations. Parce que c'est toi qui M'intéresses. Parce que ta vie M'est infiniment précieuse. » Pour découvrir cet immense mystère, les jeunes ont besoin de partir un peu seuls dans le silence pour y retrouver leur vraie nature, et, par des livres au moins, rencontrer des êtres « réalisés » comme le petit lion élevé par des moutons a vu enfin un vrai lion. Ils ont besoin de rencontrer des êtres qui ont suivi, même avec des tempêtes et des naufrages, cette route de lumière.

Tu peux leur parler comme cela ? Quelle réponse reçois-tu d'eux ?

Beaucoup entendent cinq sur cinq. D'autres mettent ces semences en réserve pour un autre printemps. Il faut être patient !

Tu veux dire que c'est un langage qu'ils comprennent instinctivement ?

Ou avec le souffle de l'Esprit. Je ne suis pas tout seul dans cette histoire. Si ce que je dis est en phase avec l'Évangile, le Christ ressuscité leur parle directement au cœur. Je profite de certaines occasions pour leur faire parvenir par écrit des messages un peu plus forts. Par exemple, au début de leur vie de couple. Ils sont alors dans une disponibilité totale pour découvrir la beauté de Dieu, Son vrai visage. Je leur écris trois, quatre ou cinq pages. Quand je sens un écho, je me dis : « Mais c'est vrai ce que je leur présente là ! » La preuve, c'est le bonheur, l'émotion que je vois sur leur visage et parfois leurs larmes de joie. Je sais alors que je ne donne pas ma vie pour rien. « La preuve du pain, c'est qu'il nourrit », disait Claudel. Je les vois nourris par le pain de la parole. L'Esprit-Saint souffle au cœur de chacun.

Je ne peux plus m'arrêter quand j'aborde ce thème de l'amour humain. Dans ma jeunesse, j'ai commencé à exister sous l'influence d'un regard de jeune fille qui m'a révélé ce qu'il y avait en moi de meilleur. Elle m'aidait à exister et j'avais envie de l'aider à mon tour. Je pouvais lui dire, pour citer encore une fois Claudel : « A mesure que tu parles, j'existe. » J'existe parce que j'ai envie de me donner et parce que je te reçois. Nous sommes créés à l'image de la Trinité au sein de laquelle il y a cette circulation d'amour entre des personnes. Ces personnes n'existent qu'en proportion de l'amour qu'elles se portent, c'est-à-dire infiniment. Il y a de quoi pleurer de joie lorsqu'on se dit, pour parler le langage de la théologie : Les personnes divines sont des « *relations subsistantes* ». Imaginons une jeune femme qui dirait : « Je suis celle qui aime cet homme. C'est mon identité. Je m'identifie à ma relation avec lui. »

Nous n'existons que dans la mesure où nous sommes aimés et dans la mesure où nous aimons...

Et toi, n'as-tu pas été un peu masochiste en renonçant à cette dimension d'amour humain dont tu parles ?

S'il y a du masochisme dans cette histoire, il est à mettre sur le compte de ceux qui ont lié autrefois sacerdoce et célibat. Aujourd'hui, un jeune fiancé dévoré du désir de faire connaître Dieu peut réaliser pleinement son amour humain dans le diaconat. Il est ainsi en mission d'Église, à temps plein, pour annoncer Jésus-Christ. En 1957, c'était impensable ! Vous savez, on peut tout demander à un jeune en matière de générosité, y compris le sacrifice de sa vie. Ça lui semble tout naturel.

J'ai agi, je crois, comme ces résistants qui ont quitté leur épouse et leurs enfants en se disant : « Il faut sauver nos raisons de vivre dans notre pays bafoué et écrasé. » C'est la défense même de l'amour humain qui m'a poussé à y renoncer dans ma propre vie : l'amour humain m'apparaissait comme une patrie en danger.

Cet amour est une question de vie ou de mort et rien n'est plus fragile ni menacé. Aimer un être, c'est lui donner une place décisive dans sa vie, se mettre à la merci de sa tendresse qui transfigure tout, ou de sa disgrâce qui fait mourir. Par la moindre de ses paroles, il vous entraîne vers le bonheur ou l'angoisse. L'amour est trop humain. Il a besoin d'être guéri, sauvé.

VIII.

Un certain regard

On ne peut vivre qu'à la mesure de l'amour qu'on reçoit. C'est ton thème favori ?

Nous avons tous besoin d'un regard pour nous faire exister. Ce regard a été d'abord celui de nos parents. Ces yeux sur nous nous ont fait comprendre que nous étions précieux. Souvenez-vous, dans le chapitre 16 d'Ézéchiel, de ce regard de Dieu sur cette petite fille, ce petit avorton qui a été jeté dans un champ au jour de sa naissance. Il lui dit : « Tu vivras ! Je t'ai vue. Tu baignais dans ton sang. Tu vivras, tu t'épanouiras comme les fleurs des champs. »

Ensuite, après nos parents, c'est le regard de la femme sur l'homme et de l'homme sur la femme qui seront le relais de la tendresse de Dieu. On n'existe que dans la mesure où l'on est accueilli. L'autre, par son regard, libère notre âme prisonnière. Ce même regard fait tomber les masques derrière lesquels nous nous dissimulions. Il fait fondre tout ce que nous avions amassé sur notre âme pour essayer de la protéger d'un monde hostile. Il volatilise cette caricature de nous-mêmes que les autres nous renvoient parfois. Il n'y a rien de plus mortel que de donner aux autres une image dévalorisante. « Tu n'es qu'un paresseux ! Un menteur ! Un imbécile ! » Le Christ a prononcé à ce sujet les paroles les plus importantes : « Celui qui traite son frère en crétin l'a tué. » Nous sommes en attente d'un regard qui nous dise : « Tu es celui que Dieu aime. Tu es celui que Dieu veut épouser, cet être de lumière que voient les anges et qui est beau, noble, éternel. »

Tout l'Évangile peut être lu à travers le regard de Jésus. Voyez comment Jésus a fait naître des êtres à eux-mêmes simplement parce qu'il a posé sur eux un regard d'espérance. « Les vrais regards d'amour sont ceux qui vous espèrent », dit Paul Baudiquey, prêtre et poète. C'est ce regard d'amour que Jésus a porté sur Zachée, sur le jeune homme riche, la Samaritaine, la femme adultère, la pécheresse chez Simon, Marie-Madeleine, Marthe, Lazare et tant d'autres. Il a réveillé en eux la ressemblance divine qui était ternie.

Il y a aussi le regard sur Judas.

« Mon ami... »

Et sur les foules qui le crucifiaient, les bourreaux pour lesquels Il a prié !

Souvenez-vous de son regard sur Jérusalem : « Tu n'as pas voulu... Je te laisse libre. Je ne vais pas maintenant, d'un coup de baguette magique, t'empêcher de connaître le destin que tu as choisi. » Là est la manifestation du Dieu de la Première Alliance qui ne cesse de nous répéter : « Mais pourquoi agissez-vous ainsi ? » Il y a une angoisse chez ce Père qui dit : « Cieux, soyez-en étonnés, bouleversés, car c'est un méfait épouvantable qu'a commis l'homme ! Ils M'ont abandonné, Moi leur source, pour se creuser des citernes qui ne retiennent pas l'eau. » Il y a une déception de Dieu. Il dit : « Que n'ai-Je pas fait pour toi ? Je t'ai appris à marcher, Je t'ai conduit avec de douces attaches, avec des liens d'amour et tu n'as pas compris que Je prenais soin de toi. »

Il y a quelque chose de dénaturé dans l'homme. Les jeunes pressentent cela avec douleur mais l'amour qu'on leur porte va les accoucher d'eux-mêmes.

Dans la civilisation japonaise qui n'a pas connu le message judéo-chrétien, l'individu n'existe pas en tant qu'être autonome. Il n'est aimé, compris et accueilli que s'il fait partie d'un groupe. Tu es Sony, tu es Toyota, tu n'es pas Ichiro ou

Keiko. Je me disais par moments que ce serait un grand service à rendre au Japon que d'inonder le marché japonais de T-shirts sur lesquels serait écrit en japonais : « Sois toi-même. Donne-toi le droit d'exister. » Sur le Japonais pèse un regard social contraignant : « La société dit que... La famille pense que... » Tous ces impératifs sont lourds. Je sais bien qu'ils ont pesé aussi sur nous tous. Dans ma jeunesse, par exemple, quand je voulais voyager et que j'ai rencontré le regard familial : « Il est fou, cet enfant ! Tu ne peux pas faire comme tout le monde ? » La voilà, la phrase qui tue la créativité. Alors qu'il faudrait dire : « Le plus beau cadeau que tu puisses faire à l'humanité, c'est d'exister selon ton espèce. » J'aime cette expression du livre de la Genèse : Dieu fit les poissons, les oiseaux, les plantes, « chacun selon son espèce ». Chaque être humain est unique. C'est ce que tu as d'unique qui est important. Dieu te demande d'abord de croire en toi. Comme dans le psaume 139 : « Prodige que je suis ! Prodige que Ton œuvre ! C'est Toi qui m'as brodé au ventre de ma mère. C'est Toi qui m'as tissé. »

Tout homme doit sentir sur lui ce regard valorisant. Il existe un *esprit* dont le nom est l'Accusateur. Le mot hébreu *Shaïtan* veut dire « l'adversaire » mais il y a un autre nom de Satan qui est : « celui qui accuse ». Il agit comme dans le livre de Job, lorsqu'il dit à Dieu : « Ah ! Tu crois qu'il T'aime, Job ! C'est faux : il est intéressé. S'il T'aime, c'est parce que Tu l'as gâté, parce qu'il a de belles filles, de beaux troupeaux... Laisse-moi toucher à tout ça et Tu vas voir, il va Te maudire en face. » Eh bien, même quand il a tout perdu, Job ne maudit pas Dieu !

Satan s'intéresse à nous passionnément. Après avoir connu la drogue et écrit un livre intitulé : *Satan qui vous aime beaucoup*, deux filles ont écrit : « Satan s'intéresse à notre cas. Il veut que nous nous détestions. » Ces deux filles ont raison. Sans se lasser, l'accusateur murmure : « L'amour que te portent ton père et ta mère; ne le reconnais pas. Ils ne t'aiment pas. » Il a dit la même chose à Adam et Ève : « Vous croyez que Dieu vous aimait. Ce n'est pas vrai. Il s'est gardé le meilleur. Il veut vous interdire un Royaume merveilleux !... »

Avec les jeunes aussi, Satan va faire son travail de sape et répéter : « Ne reconnais pas l'amour. Tu croyais que l'on t'aimait, ce n'est pas vrai. » Il y a un doute, un soupçon, qui est ainsi introduit dans le cœur de l'homme.

Est-ce que tu peux parler aux jeunes de Satan comme tu viens de nous en parler ?

Certains comprennent tout de suite, lorsque je leur dis par exemple : « On ne va pas discuter pour savoir quel visage il a. Regarde-toi dans la glace quand tu dis du mal de ton prochain et tu vas le voir. Tu penses du mal de quelqu'un, tu refuses de lui pardonner, tu lui envoies des ondes de violence, de rancœur, ne va pas chercher plus loin, il est là. La stratégie de Satan, c'est de diaboliser l'autre. »

Comment peut-on aider un jeune à prendre conscience de l'amour que Dieu a pour lui ? Il ne suffit pas de lui dire que Dieu l'aime, il faut qu'il le sente dans ses entrailles.

Je crois à l'atmosphère d'une retraite au cours de laquelle ce jeune va entendre au plus profond de son cœur ces textes de la Bible où Dieu lui dit : « Tu es précieux pour Moi, et Moi, Je t'aime. » On retrouve cette déclaration d'amour tout au long du livre d'Isaïe. Cela va même beaucoup plus loin puisque Dieu nous dit : « Tu étais délaissé, seul. Tu oublieras ta solitude car ton Créateur veut t'épouser. » Je crois que nous sommes au cœur du Message. Relisez le *Cantique des Cantiques :* l'être humain est magnifique dans ce regard que Dieu pose sur lui.

Dans la parabole d'Ézéchiel, Dieu adopte une petite fille, elle grandit et devient Son enfant. Plus tard, Il la demande en mariage et elle va devenir Son épouse. Il lui dit : « Tu étais devenue extraordinairement belle grâce à la splendeur dont Je t'avais revêtue. » Voilà un grand mystère ! Qu'est-ce qui fait votre grandeur ? C'est ce regard d'amour que Dieu porte sur vous. Il ne peut pas se reprendre parce que l'amour de Dieu ne se rétracte jamais. Cet amour est inconditionnel.

Pourquoi notre amour à mesure humaine est-il si pauvre ? Parce qu'il pose des conditions. Un père dira à son fils : « Je t'aimerai si tu as de bonnes notes, si tu es propre, si tu ranges bien ta chambre, si tu me donnes satisfaction. » Alors que Dieu nous dit : « Je t'aime d'abord. Le reste, on verra bien. » Et Jésus dit : « Vous serez comme votre Père qui fait briller Son soleil sur les méchants comme sur les bons, qui donne Sa pluie aux injustes comme aux justes. » Le soleil ne dit pas au bouton de rose : « Ouvre-toi d'abord et je t'éclairerai. » C'est parce qu'il éclaire le bouton de rose que celui-ci s'ouvre. La pluie ne lui dit pas : « Grandis et je t'arroserai. » C'est parce qu'elle l'arrose qu'il grandit. L'amour ne peut pas s'exprimer au conditionnel. C'est cet amour-là qu'il nous faut imiter. Dieu a une manière de nous aimer qui est personnelle, bien sûr, directement d'Esprit à esprit, si nous savons faire silence pour L'entendre. Mais Il nous aime aussi par personne interposée. Son amour se délègue. Il dira à telle femme : « Aime ton enfant. Tout l'amour dont tu manques pour lui, si tu veux, Je te le donnerai. »

Ce qui n'est pas possible à l'humain...

Ce qui n'est pas possible à l'humain devient possible avec Dieu. Dieu est la source de tout amour. Au départ, Il nous donne déjà un certain élan pour que nous puissions aller vers l'autre, mais il nous faut aller plus loin. L'amour, c'est « toujours plus loin ». « L'amour ne dit jamais assez », dit le *Cantique des Cantiques.* « Il est comme le feu qui dévore tout. »

Comment t'y prends-tu pour faire passer ce message à des jeunes qui sont plus facilement attirés par les prestiges de la civilisation matérielle que par les réalités spirituelles ?

L'apôtre, prêtre ou laïc, est, à mes yeux, celui qui, jour après jour, se confronte à la parole de Dieu. Il la rumine pour pouvoir ensuite la porter aux autres. Mais s'il veut être compris, il doit actualiser cette parole. C'est-à-dire l'adapter, l'ajuster aux valeurs et aux habitudes de pensée de ceux à qui il s'adresse. En tenant compte de leur psychologie, de ce qui fait leur vie, des interrogations qui sont les leurs, des questions fondamentales que tout jeune porte en lui de génération en génération : « Qui suis-je ? Quel est le sens de ma vie ? » À chacun, je peux affirmer : « Oui, Jésus-Christ a une parole pour toi. Oui, tu peux trouver dans l'Évangile une lumière pour tes pas... »

Lorsque je parle ainsi, que ce soit dans des sessions, des retraites ou des camps, je suis entendu. Il faut, lors d'entretiens personnels, apporter l'aide qui convient à chacun dans le « ici et maintenant » de sa vie. Tout en lui disant avec force : « Ton maître intérieur, ce sera l'Esprit-Saint. Tu n'auras pas constamment à tes côtés un guide spirituel pour te souffler ce que Dieu attend de toi. »

Nous avons parlé des jeunes comme s'ils étaient tous paumés, tous malheureux ou en détresse. Est-ce que tu rencontres des jeunes heureux ?

En parlant avec vous des violents, des drogués ou des désespérés, je me suis rendu compte qu'actuellement j'en connais finalement assez peu. Je connais surtout des jeunes qui ne vont pas si mal que ça, qui « y croient », qui s'engagent, qui donnent des cours d'alphabétisation aux immigrés, qui partent pour le tiers-monde, passent leurs vacances à donner un coup de main au Niger ou au Mali.

Pendant de nombreuses années, j'ai rencontré beaucoup de paumés, mais aujourd'hui j'ai surtout l'occasion de voir des jeunes qui viennent à plusieurs camps et qui, ensuite, munis d'une folle envie de vivre, sont impatients de faire partager ce qu'ils ont reçu !

Mes premières années de sacerdoce ont été des années arides. Je cherchais à rejoindre ceux qui étaient agnostiques ou indifférents. Ensuite, j'ai changé. Je me suis dit : « Ne va pas au plus difficile. Va plus volontiers vers ceux qui sont aptes à t'entendre. Et surtout, va vers eux en étant toi-même le plus uni possible à Dieu. » Lorsque j'étais dans la plus grande forme, une vie très dure s'est présentée. Maintenant que ces années m'ont usé, je rencontre un accueil qui me stupéfie. « Ceux qui sèment dans les larmes moissonnent en chantant... »

Nous percevons la jeunesse des autres selon ce qu'a été la nôtre. Notre grille de lecture, pour comprendre les jeunes que nous rencontrons, est le capital d'émotion engrangé pendant nos jeunes années. Tous les jeunes ont senti un jour leur âme bouger comme une baguette de coudrier à l'approche d'une source. Nous rêvons à notre avenir. Canards de basse-cour pataudes et lourds, nous voilà abandonnant pour un instant nos images de vers de vase et nous rêvons d'immensité, nous battons des ailes. J'emprunte cette parabole à Saint-Exupéry.

Si tu devais dire une seule chose à la jeunesse, que lui dirais-tu ?

Je lui dirais que nous sommes nés de l'amour, tissés de l'amour, faits les uns par les autres, les uns pour les autres. Je lui dirais aussi : « Le bonheur de l'homme est lié à l'image qu'il se fait de Dieu. Avec un dieu dénicheur de coupables, tu te refermes. Avec un Dieu d'Amour, tu t'épanouis comme les fleurs des champs. »

Tu les aimes tellement ces jeunes qu'on peut se demander si tu ne nous en fais pas un portrait trop idyllique ?

L'un des plus grands drames de notre époque, c'est de toujours souligner ce qui échoue, ce qui est laid. Il faut parler de cette laideur du monde mais je crois qu'on triche. S'il n'y a pas le même temps de parole et le même temps d'antenne pour les actes de générosité et pour la beauté des humains, on provoque la sinistrose.

Il est vrai qu'un arbre qui tombe fait plus de bruit que le blé qui lève.

C'est sans doute pour cela que les discours ont peu de portée sur les jeunes. Ils sont de plus en plus sensibles à ceux qu'on appelle des « témoins ».

Des discours, ils en ont tellement entendu !

Ils ont l'impression d'avoir été trompés. Je n'ai pas oublié cette phrase prononcée récemment à la télévision par un Sénégalais : « On fait des déclarations sur les droits de l'homme et, le lendemain, on réinvente l'esclavage. » Les gens qui intéressent les jeunes sont ceux qui payent de leur personne, qui mettent leur vie au bout de leurs idées. Ils recherchent ceux qui se portent aux extrêmes de la générosité, ceux qui ont la passion des exclus. Si ce n'est pas dans le droit fil de l'Évangile, tout cela, qu'est-ce que c'est ?

Mais tu t'adresses à des jeunes qui ont déjà fait un chemin intérieur...

Non ! Pour la moitié, ils prétendent ne rien attendre de Dieu, ils se disent incroyants.

Être croyant se confond à leurs yeux avec le fait de faire partie d'une Église qu'ils ne comprennent pas. Mais s'ils croient en l'homme, ils sont croyants tout court.

Saint Jean vous donnerait raison : « Celui qui aime est né de Dieu. » Mais la foi en Dieu fonde la foi en l'homme. Si la foi en un Dieu d'Amour disparaissait, je ne suis pas sûr que l'homme continuerait à croire en lui-même !

Et toi, tu crois en toi ?

Ma pauvreté humaine, mes limites font partie de mon message. Dieu nous utilise malgré notre misère et nos difficultés à aimer vraiment. Pour ma part, je me sens un peu comme le boyau de chat du violon de Yehudi Menuhin. Cet immense violoniste est capable de nous émouvoir au plus profond de nous-mêmes. Et il utilise pour cela des cordes d'une très grande banalité !

Pourquoi les jeunes te passionnent-ils ?

Ils sont à l'époque où ils s'inventent. C'est le temps où l'on choisit son visage spirituel, la personne qu'on veut être. Va-t-on se choisir généreux ou égoïste ? Heureux de peu de chose ou négatif, enthousiaste ou blasé de tout ? C'est l'époque où se prennent les premières orientations. C'est sur ces bases que l'adulte bâtira sa vie pendant soixante ou quatre-vingts ans. Durant toute ma jeunesse j'ai ressenti à l'extrême ce sentiment d'un enjeu formidable de chacune de mes journées. Au milieu de tant de tâches scolaires et d'engagements sportifs, c'est pathétique d'avoir si peu de temps, si peu de cartes, si peu de boussoles, si peu de conseils pour savoir comment orienter sa vie ! Dans le choix d'une profession, ce n'est pas trop grave, mais pour le choix d'un époux, d'une épouse, d'un idéal, d'un sacerdoce, a-t-on le droit à l'erreur ?

L'Éducation nationale ne forme pas le tout de l'homme. Elle s'intéresse surtout à nos connaissances, à nos capacités de logique, à notre bagage intellectuel. Je me souviens de cette école pour surdoués où les élèves répondaient un peu comme des ordinateurs aux questions les plus simplistes. L'une de ces questions était : « De la neige fond, qu'advient-il ? » Tous les élèves qui avaient répondu : « De l'eau » ont été reçus. Le seul recalé a été celui qui avait répondu : « Le printemps. » Cette histoire est symbolique. La technique envahit tout. Elle tend à façonner nos esprits. Je ne suis pas près d'oublier cette phrase sur un mur parmi les graffiti de Mai 68 : « Que sert à l'homme de gagner l'univers s'il en vient à perdre son âme ? » C'était l'Évangile dans la rue ! Lorsque Malraux affirme : « Le XXIe siècle sera spirituel ou ne sera pas », il prophétise.

Le père Bernard Bro écrit : « Notre culture était fondée sur trois bases : latine, grecque et biblique. Nous avons rejeté la Bible. » Tout le drame est là ! C'est encore Malraux qui disait : « A quoi bon aller dans la Lune si c'est pour s'y suicider ? »

Arthur Koestler a eu un jour cette parole étonnante : « Il ne faut pas craindre d'avoir pour but une époque où l'on enseignera la méditation dans les lycées, non pour faire des illuminés mais pour retrouver notre moitié perdue. » C'était juste au sortir de la guerre. Comme si Koestler insinuait que cette guerre avait été causée par une de ces religions inhumaines que l'homme invente lorsqu'il chasse le visage du Dieu révélé. L'homme « divinise » tout ce qu'il touche. Il donne une valeur sacrée à la nation et cela engendre la guerre. Il divinise la race et cette idolâtrie engendre le nazisme. Il divinise l'argent et engendre ainsi le capitalisme sauvage. L'homme fait fausse route en mettant des majuscules à un certain nombre de valeurs qui ne sont pas l'Absolu. Son malheur vient en grande partie de là ! Aujourd'hui toutes les majuscules s'effondrent. Quelle image de l'Absolu vont donner les croyants ? Un dieu contre l'homme, ou un Dieu-Amour ?

L'Éducation nationale ne semble pas vibrer très fort au retour du spirituel...

C'est plutôt d'agacement que les enseignants frémissent parce qu'ils ne connaissent de la foi que ses contrefaçons. Les voix les plus entendues dans les lycées, les universités, les revues, la radio, la télévision semblent s'accorder pour mettre le projecteur sur les caricatures de la religion. Je m'étonne que les croyants réagissent aussi peu. Un marin qui, dans une encyclopédie sur la mer, ne trouverait que des chapitres sur les naufrages ; un amoureux qui, dans un reportage sur la sexualité, n'entendrait parler que des viols ; un médecin qui, dans un cours sur la médecine, n'entendrait parler que des médecins véreux, tous seraient indignés, écœurés. Comment s'expliquer que les croyants juifs et chrétiens laissent sans broncher juger leur Dieu sur les crimes commis en Son nom ? Qui pourrait me démontrer que l'Inquisition, les croisades, la Saint-Barthélemy furent inspirées par un Évangile bien compris ?

L'être humain est taillé dans l'étoffe divine. Est-ce une alternative réjouissante que d'être taillé soit dans l'étoffe du « rien », soit dans celle d'une idole dominatrice et cruelle ? Dans un cas, origine : néant ; destination : néant. Dans l'autre, tu viens d'un dieu qui génère l'intolérance et la guerre ! Quelle issue te laisse-t-on ? Aucune !

Ceux qui ont décidé d'en finir avec « l'obscurantisme religieux » n'ont pas envie d'entendre parler des Gandhi et des Martin Luther King, des abbé Pierre et des mère Teresa. Ils craignent que le beau visage de Dieu perpétue les méfaits de son double monstrueux. Dans les pays industrialisés, on assiste à une mise au rancart des valeurs de poésie, de contemplation et de mystère. On répète sans cesse qu'il faut tout faire pour sauver certaines espèces d'arbres et d'animaux. J'applaudis évidemment, mais j'aimerais qu'on fasse tout pour sauver aussi la dimension spirituelle de la vie. Ce n'est pas par hasard si les jeunes que je rencontre apprécient tellement les poèmes de Khalil Gibran : ils y trouvent une longueur d'onde mystique qui leur correspond et qui ne leur est pas tellement familière dans le monde scolaire.

Est-ce qu'il ne faudrait pas aussi sauver l'image de Dieu ?

Rien n'est plus urgent bien sûr ! Il faut savoir d'où viennent ces fausses images de Dieu que nous transmettons, le plus souvent à notre insu. L'Inquisition nous colle encore à la peau au bout de cinq siècles. Le mot même de « Dieu » est difficile à prononcer tellement il a été prostitué. Pour de nombreux jeunes, Dieu est synonyme d'intolérance. Même à notre époque, nous voyons des cinémas incendiés et des religieux appeler au meurtre d'un écrivain. Il y a un retour en force des intégrismes.

Y aurait-il donc lieu de désespérer ?

Rien n'est désespéré. Ce n'est pas la mort qui aura le dernier mot, c'est l'amour. Je reconnais que l'émerveillement et l'enthousiasme sont devenus chez moi une hygiène de vie pour tenter de neutraliser une angoisse qui est dans les racines profondes de mon hérédité. Cela ne sert à rien d'être angoissé. On n'améliore pas les choses en les prenant au tragique. J'essaie de m'appuyer sur la vision positive du monde et des êtres que m'offre la Bible.

IX.

« Ta lèpre, c'est de l'amour inemployé »

Que penses-tu de l'école?

L'orientation que prend un jeune dans la vie va dépendre de la personnalité de ses maîtres. Ou bien il tombe sur un enseignant indifférent aux élèves, qui fait trois petits cours et puis s'en va. Ou bien il a une relation vraie avec des professeurs qui essaient de se mettre à sa portée et rendent les cours aussi vivants que possible. C'est davantage une question de personnalité que d'institution. On ne peut pas dire que tout est bien ou que tout est mal dans l'enseignement. Tout dépend de M. X... ou de Mme Y...

Le courant passe ou ne passe pas...

Ils ont le feu sacré ou ils ne l'ont pas !

Tout de même, que les profs soient bons ou non, peut-être remplit-on trop la tête des élèves !

On la remplit parfois au détriment du caractère, de la sensibilité, de la maîtrise des émotions et autres facultés qui pourraient être développées, si on ménageait aux élèves plus de contacts avec la nature, la musique, la poésie, l'artisanat... Si on leur donnait plus de possibilités pour exprimer ce qu'ils pensent. Je crois beaucoup au théâtre, à la sculpture, au dessin, au bricolage... Ce sont des moyens d'expression extraordinaires.

On va t'accuser d'alourdir encore les programmes.

Je répondrai qu'on est en train de créer un homme dont la mémoire est hypertrophiée. Au moment où la technique nous permet d'emmagasiner des quantités fantastiques d'informations dans des ordinateurs, on surcharge encore la mémoire des étudiants. On devrait les libérer un peu de ce souci-là ! Puisqu'on cherche dans la scolarité à communiquer aux jeunes tout le savoir des générations précédentes, plus on avance dans le temps, plus le fardeau s'alourdit. Trop c'est trop ! On pourrait développer l'histoire des sciences ; savoir comment les découvertes ont été faites. On pourrait leur donner le désir d'apprendre, le goût de continuer à se cultiver, développer leur curiosité et leur envie de connaître.

Dans la vie qui les attend, ils auraient besoin d'une formation continue, d'une faculté d'adaptation, de communication, de relations humaines, de recyclage permanent, d'intuition, d'imagination.

Nous rencontrons beaucoup de jeunes qui sont défaitistes sur le plan de leur scolarité et de leur future carrière.

Tout se passe comme s'ils se disaient : « De toute façon, il n'y a pas de débouchés... A quoi bon préparer telle ou telle profession ? » A partir de là, leur attitude ne cesse plus d'être négative ! Or il leur faudrait être en état d'éveil et de disponibilité à l'événement. « La chance est chevelue sur le front et chauve par-derrière. » Tu peux la saisir quand elle s'approche mais, lorsqu'elle est passée, c'est trop tard !

C'est terrible une société où il n'y a pas de place pour tous.

Rien n'est plus opposé à l'Évangile. Chassons Dieu de la planète et c'est alors la « raison du plus fort » qui l'emporte. Il faudrait que tous les spécialistes en économie conjuguent leurs efforts pour analyser les causes profondes du chômage. Nous pouvons aussi attendre de l'école qu'elle mette l'accent davantage sur les facultés d'adaptation, d'imagination, de sensibilité. Il faudrait insister sur les contacts humains, aider les jeunes à être bien dans leur peau, à écouter, à s'adapter. Pourquoi parle-t-on si rarement de la formation du caractère ?

Beaucoup de jeunes arrivent sur le marché du travail sans trouver d'emploi.

Cela doit tourner autour de vingt pour cent. Je ne peux croire qu'on soit dans une impasse définitive. L'heure est à l'imagination. Il y a des gens qui ont étudié pour apprendre à remédier aux maux de la société et pour construire un monde où il y ait de la place pour tous. C'est une des grandes questions de notre temps ! Il faut que les spécialistes de l'économie et de la politique se mobilisent là-dessus, qu'ils ne pensent qu'à cela. C'est un changement de mentalité, une véritable révolution des esprits. Cela prendra du temps ! La France déploie une énergie incroyable pour le combat des chefs, pour les luttes des partis. Si la moitié seulement du temps passé dans les compétitions entre politiciens était consacrée à une étude sur les remèdes au chômage, on finirait par en sortir. C'est étonnant, une société où ceux qui ont du travail ne cessent de se plaindre d'avoir trop à faire, pendant que trois millions de personnes perdent leurs raisons de vivre en étant privées d'activité.

As-tu des choses à dire sur l'évolution des mœurs chez les jeunes d'aujourd'hui ?

Pour comprendre une génération, il faut avoir bien compris la précédente. Nous avons séjourné longtemps dans le puritanisme. Tout ce qui était d'ordre sexuel était ignoré. Il était incongru de l'évoquer. C'était un domaine scabreux, parfois même sale, déshonorant. A l'heure actuelle, le balancier est passé de l'autre côté et nous sommes arrivés à un autre excès qui est la banalisation. Ce qui n'a pas d'importance ne mérite aucun soin. Comme une plante qui n'aurait pas besoin d'être taillée. J'aime cette comparaison de la taille qu'emploie Jésus. Une vigne à l'état sauvage donne des raisins acides. Si elle a été taillée, l'énergie de la sève va passer dans quelques grappes et celles-ci seront fruitées. Le grand risque pour les jeunes d'aujourd'hui, c'est le vagabondage amoureux, un amour sans saveur.

Beaucoup de jeunes jouent avec l'amour comme une petite fille joue à la poupée, pour se faire le cœur. Un regard accusateur ne pourrait qu'aggraver la situation. Une jeune fille pour se guérir d'être humiliée par ses parents va se précipiter vers les ersatz de l'amour. Ne s'aimant plus, elle est prête à n'importe quoi.

Comment as-tu vécu cela dans ta jeunesse ?

Dans ma propre jeunesse, j'ai été protégé par le puritanisme ambiant. Ce n'était pas la meilleure des protections. Elle était lourde d'orgueil. Je souffrais de voir la déprime de mes amis qui ne croyaient plus à l'amour véritable. Je savais que, de toute leur âme, ils auraient voulu y croire. C'est un besoin essentiel de l'être humain. Agnès, dont je vous ai parlé et qui s'est donné la mort, m'a dit un jour : « Si je me moque tant des valeurs auxquelles je tiens, c'est parce que j'y tiens avec désespoir. »

C'est triste d'en arriver à croire que le monde est laid et que tout est gâché. Devant les balbutiements des jeunes, qui tâtonnent ici ou là dans leur approche de l'amour et qui s'engagent dans de faux chemins, il importe de ne pas dramatiser. Il est essentiel que l'amitié des adultes soit là pour donner une parole de sérénité : « Non, tout n'est pas perdu ! Oui, tu peux tout reprendre à zéro. »

J'aime cette parabole d'un rabbin : « Chacun de nous est rattaché à Dieu par un fil et, chaque fois que nous trahissons Dieu, le fil se brise. Mais Dieu, par son pardon, fait un nœud et, du coup, le fil se raccourcit et nous nous rapprochons de Lui. »

Je veux dire au jeune qui cherche son chemin : « Tu as peut-être fait fausse route, mais cela peut te permettre de mieux comprendre les autres et d'avancer. Ce n'est pas d'éviter la chute qui t'était demandé mais de te relever. »

Beaucoup de garçons ne se rendent pas compte que l'acte d'amour engage totalement celle qu'ils croient aimer. Corps et âme ! Ils commettent une injustice en « faisant l'amour sans amour ». S'ils ne comprennent pas cela, ils me semblent légers.

Mais les filles sont aussi « dragueuses » que les garçons maintenant !

Il y a des jeunes filles qui me disent comme celle-ci : « J'aime Olivier, Benoît, Vincent, mais ce qui m'embête, c'est que je ne sais pas avec lequel j'ai envie de vivre. » La suite de la conversation montre qu'elle couche avec les trois. Peut-être est-ce pour cela qu'il lui est difficile de savoir. Vécue ainsi, la relation sexuelle risque d'être anonyme. Ce n'est pas avec Olivier, Benoît, Vincent qu'elle s'unit, mais avec l'homme.

Mais faire l'amour, c'est bon et, au moins, ça ne fait de mal à personne. Bien sûr, tout dépend comment on le vit.

Il ne faut quand même pas trop facilement évacuer la responsabilité. Lorsqu'on laisse quelqu'un plus seul que jamais, avec son amour au cœur et au corps, quelle blessure ! La justice dans la Bible est une exigence importante : « Aie un cœur ajusté. Ne fais pas à l'autre ce que tu n'aimerais pas que l'on te fasse. Respecte... » J'aime ce mot « respect ». L'étymologie en est *respicere* : bien voir, regarder attentivement, reconnaître.

Il m'arrive de dire à un jeune : « Vois de façon juste la sensibilité de la personne que tu as en face de toi. Ne lui fais pas de mal. Elle risque d'être brisée toute sa vie à cause de ton impatience. » Le mal ne consiste pas à briser un tabou mais à blesser, à « faire du mal ».

Cela fait un moment que le balancier penchait vers la liberté la plus débridée. Ne commence-t-il pas à revenir de l'autre côté ?

On semble revenir à un certain puritanisme. Tout funambule a besoin d'un balancier bien équilibré ; le poids doit être égal des deux côtés. Si le centre de gravité est en dessous de la corde, l'artiste peut marcher sans problèmes, à condition de ne pas trop regarder ses pieds. Tout cela est une question de sagesse, d'équilibre et d'harmonie. Je suis convaincu qu'on fait fausse route avec la pénalisation, la morale, l'interdit, l'humiliation.

J'ai un jour fait une observation à deux jeunes que j'avais trouvés dans le même lit. Ils avaient douze ans ! Je leur ai parlé séparément pendant un bon moment. La fille est revenue me voir trois ans plus tard — elle avait donc quinze ans — avec un bébé dans les bras, en me disant : « Je te présente ma fille. » Bien sûr j'étais bouleversé. Il n'y avait pas de sourire sur le visage de cette adolescente, aucune fierté d'être maman. Elle m'a dit : « Je ne sais que faire de cette enfant. Je vais peut-être la confier à ma mère. » Plus tard encore, elle est revenue me voir et elle m'a dit : « Stan, je voudrais te dire merci parce que un jour, tu as essayé de me protéger contre moi-même. » Je suis persuadé que ne rien dire, ne rien faire dans de telles situations, c'est de la non-assistance à petit moineau en danger.

La délinquance déborde le domaine des hold-up. Il y a aussi des délinquants du plaisir, des garçons qui n'ont pour loi que leur égoïsme. Je ne veux pas les juger car leur déviance veut souvent dire : « Je n'ai pas été aimé. J'ai soif. Je bois de l'eau sale parce que je n'en ai pas trouvé de pure. » On ne « juge » pas ceux qui sont malheureux. On peut seulement essayer de les comprendre et proposer de les aider.

Que penses-tu de la règle de l'Église catholique selon laquelle on doit arriver vierge au mariage ?

Le désir sexuel est plus profond et plus durable d'avoir mûri longtemps au soleil de l'amour.

Si on donne à un jeune des éléments de réflexion, il peut se dire : « Je comprends les exigences de l'Église quand je les vois de l'intérieur. Je comprends qu'on nous demande d'attendre et j'aime cette attente. » Alors, la morale est intériorisée. Elle ne provoque pas de refoulement.

Si elle vient de l'intérieur, ce n'est plus de la morale au sens habituel du mot.

Toute loi de vie doit être intégrée, intériorisée pour être vécue dans l'harmonie. Si tu veux gravir le mont Blanc, tu vas t'imposer un entraînement difficile mais quel bonheur lorsque tu arrives au sommet ! Dieu n'a pas créé le sexe et la sexualité pour qu'on en ait peur ! Le meilleur moyen de protéger les jeunes contre les déviances, c'est de leur montrer la beauté des réalités. On peut leur proposer des poèmes, leur conseiller des romans. Je pense à Éluard et à Jean-Louis Barrault qui ont écrit de si belles choses sur l'amour. Je pense à *Une passion*, livre récent de Christiane Singer. Lorsqu'on lit des textes de ce genre à ces jeunes, ils accrochent leur cœur à une étoile. Ils se détournent tout naturellement de la médiocrité. Lorsqu'on a l'âme inhabitée, on se trouve à la merci du chant des sirènes.

La joie est donc la meilleure boussole ?

Lorsque nous sommes dans la joie, notre âme est en éveil. Lorsqu'on est malheureux, on fait n'importe quoi. Il faut avant tout aider les jeunes à trouver une certaine qualité de regard. Le jour où l'amour leur apparaîtra sublime, quand ils verront la sexualité dans cette irradiation, dans ce rayonnement, ils seront protégés contre tout ce qui entraîne vers la vulgarité.

Beaucoup de jeunes tiennent à vivre ensemble avant de se marier parce qu'ils ont peur du mariage. Un divorce sur trois mariages en France, un sur deux dans la région parisienne ! Toutes ces unions qui se brisent n'expliquent-elles pas leurs réticences pour « s'engager dans les liens du mariage » ? Les ruptures provoquent tant de douleurs et de peines...

Ils voient la fragilité des couples, maintenant qu'ont disparu les garde-fous qui les aidaient à tenir. Souvent, autrefois, ce n'était pas parce que l'on s'aimait qu'on se mariait ; on essayait de s'aimer parce qu'on était marié. Aujourd'hui, beaucoup de jeunes, voyant tellement de couples se briser autour d'eux, ont tendance à se dire : « Faisons des expériences, vivons ensemble à l'essai, et nous aurons peut-être une chance de connaître les erreurs à éviter, les pièges dans lesquels il ne faut pas tomber. »

C'est risqué parce qu'on considère alors un peu l'autre comme un cobaye.

Mais cette expérience, on la fait mutuellement...

Il ne s'agit pas de mettre des comportements semblables dans le même sac. Il y a ceux qui cherchent seulement le plaisir égoïste et ceux qui s'aiment vraiment. Deux attitudes tellement différentes que cela semble simpliste de les ranger sous la même étiquette.

Les jeunes doutent, c'est vrai, de l'avenir de leurs relations et, dans ce doute même, Dieu peut les rejoindre et leur dire : « Si J'ai créé un sacrement pour sceller l'union de l'homme et de la femme, ce n'est pas par hasard. Cette réalité est sacrée et rien ne peut mieux exprimer et symboliser sur la terre Mon amour indéfectible pour vous. C'est également parce que votre amour est fragile et menacé que Je veux vous donner une force de purification quotidienne. Car aimer, accepter l'autre en tout ce qu'il est, ne jamais le juger, ne jamais l'humilier... tout cela est difficile à vivre au jour le jour. C'est pourquoi Je veux vous aider, Je veux entrer dans votre relation pour purifier votre amour tout au long de votre vie. Ce sacrement, je ne vais pas vous le donner le samedi 22 juin dans l'église de Saint-Cucufa et vous dire après : “ Maintenant, débrouillez-vous ! ” Je veux vous le donner jour après jour. A vous de l'accueillir. A vous d'en traduire la beauté par votre vigilance, votre fidélité mutuelle et votre fidélité envers Moi. »

Prêcher la fidélité dans le mariage, on peut se demander si c'est entendu aujourd'hui !

Ce ne sont pas seulement des voix chrétiennes qui s'élèvent dans ce sens mais des voix humanistes. Il y a maintenant une véritable écologie de la sexualité, un retour à un genre de discours qui n'est plus tenu seulement au nom de la religion chrétienne mais au nom de la sagesse.

Je ne dis pas que tous entendent ce que je viens de vous

dire. Vous connaissez l'adage : « Lorsque le disciple est prêt, le Maître arrive. » On entend seulement ce dont on a besoin pour évoluer. Vous n'empêcherez pas le gamin de jouer avec des petites voitures. Le jeune qui doit gravir un échelon va recevoir ce dont il a besoin pour monter un échelon. Ce jeune à qui on s'adresse retiendra ce qu'il sera en mesure d'entendre.

Je souhaite faire comprendre que le discours de Dieu est un discours d'amour, mettre l'accent sur ces paroles qui reviennent si souvent dans la Bible : « Tu seras pour Moi l'objet d'une éternelle fierté... Ma joie, c'est ta valeur... Tu es précieux à Mes yeux et Je t'aime... Les montagnes peuvent s'effondrer, Mon amour ne disparaîtra jamais... »

On ne citera jamais assez ces paroles ! C'est sur cette base-là que s'établit l'amour humain, toujours menacé parce qu'il est grand et beau. Ce n'est pas là un discours ringard et réactionnaire, et je ne veux rien imposer à personne. Je me contente de proposer. Après, chacun va vers « sa » vérité.

J'aime beaucoup l'attitude de certains maîtres hindous qui suivent leurs disciples au lieu de marcher devant eux et qui leur disent : « As-tu bien réfléchi en prenant ce chemin ? Ce chemin est-il digne de toi ? » Certains parents trouvent spontanément cette attitude.

Si le balancier retourne vers le puritanisme, il y a tout à craindre. En vois-tu des signes ?

Des extrémistes sont en train, en effet, de reprendre du poil de la bête parce qu'ils se sentent insécurisés. Ils ont besoin d'avoir des garde-fous. J'aimerais leur dire : « C'est grâce à l'échange de nos parcelles de vérité que nous parviendrons à avancer. »

Vous savez, il y a deux sortes d'animaux : ceux qui ont une colonne vertébrale solide et les autres. Ceux-là, qui sont extraordinairement fragiles à l'intérieur, éprouvent le besoin de se blinder, ils se font une carapace...

Ce ne sont pas des gens qui dialoguent.

C'est vrai, mais une amitié peut naître entre deux êtres venus de deux univers très différents. Lorsque cela arrive, c'est une victoire de l'amour. Je crois à ce miracle-là, le miracle de l'amitié.

Les jeunes y sont particulièrement sensibles.

Ce qui est passionnant chez les jeunes, c'est leur art de contester les traditions. Ils interrogent. Tout ce qui va de soi pour les adultes ne va pas de soi pour eux. Parfois leur contestation semble trop radicale. Il faut alors avoir l'attitude d'un médecin. Lorsqu'un médecin voit un de ses patients avec des boutons sur la figure, il ne gratte pas ces boutons au papier de verre mais il s'interroge pour savoir s'il n'y a pas une carence dans le sang. Je vois le comportement des punks et je me dis : « Pourquoi est-ce que celui-ci se tond la tête en laissant une crête d'Iroquois peinte en rouge ou en jaune ? » A quoi bon se dire : « Moi, je n'étais pas comme ça » ? Mieux vaut se laisser interroger. Alors on va découvrir que ce jeune est mal dans son âme. Lorsqu'on dit de quelqu'un qu'il est mal dans sa peau, en réalité n'y a-t-il pas autre chose ?

Des bleus à l'âme.

C'est cela ! Ce jeune ignore qui il est, il se cherche. Souvent il sent sur lui un regard qui le juge. Il intériorise ce regard négatif en le prenant à son compte. Il se juge mal. Il ne s'aime pas, ce qui engendre des comportements pour le moins farfelus. Dans ce domaine, on peut tout voir : le doux-dingue et le violent-dingue, les zazous après la guerre et récemment les punks. A ceci près que, pour les punks, c'est plus grave. Ils se disent : « Le monde est laid et je veux l'enlaidir encore pour m'arracher tout désir d'espérer. L'espérance est ma plus grande souffrance. J'ai mal parce que je voudrais que le monde soit différent. Et je ne veux plus avoir mal. »

Ce jeune désespéré ne pourrait-il vivre l'expérience du jeune Siddharta devenu le Bouddha ? Ayant trouvé un moine en méditation et l'ayant vu serein, il s'est écrié : « Comment peux-tu être serein alors que dans le monde il y a la souffrance, la maladie, la vieillesse et la mort ? » Et le moine lui dit : « Dans la méditation tu trouveras la paix. »

Certains font cette expérience. Il y a beaucoup de jeunes dans les monastères tibétains en France, par exemple.

Oui, et c'est impressionnant ! Les exigences y sont pourtant terribles, comme cette fameuse retraite de trois ans, trois mois et trois jours. Dans ces monastères, on manque de place pour accueillir les novices... Les jeunes y font l'expérience de la méditation et découvrent la grande vérité sur la douleur, c'est-à-dire que la douleur vient du désir.

Mais l'Occident n'a pas pris ce chemin-là. Nous pouvons dire aux jeunes : « N'arrache pas ton désir mais, au moins, consens à cette souffrance qui est aussi une épreuve. Consens à être déçu et ne désespère pas. Essaie d'aller plus loin. »

Quand les jeunes accrochent leur vie à un idéal qui exige un dépassement, ils acceptent une ascèse, une discipline sur eux-mêmes qui finalement leur permettra de s'en sortir. Je pense par exemple à l'équitation, la montagne, la musique, les voyages, et sur un plan différent à l'aide humanitaire.

Toutes choses qui demandent des efforts à ces jeunes qui, souvent, n'en ont pas l'habitude.

Je crois que la jeunesse est l'âge de l'héroïsme. Lorsque je pense à ma propre jeunesse, je me rends compte qu'en ce temps-là, des choses qui demandaient beaucoup d'efforts ne me coûtaient rien. Je faisais mille kilomètres à moto rien que pour transporter un ami auprès de sa belle !

Je me souviens de ce jeune délinquant qui me disait : « Maintenant que j'aime une fille, j'ai envie de m'en sortir. » Eh oui ! Voilà le secret ! Il aime une fille et donc il a envie de mériter son amour. Il a envie qu'elle puisse le regarder avec fierté. S'il est une loque, comment son amour pourrait-il la rejoindre ?

Les jeunes qui souffrent de déviances éprouvent un réel malaise. Écoutons cette souffrance. Certes, cela ne suffira pas. Il faudra constituer une « cordée » autour de ce jeune qui se confie à nous, lui proposer des bonnes adresses, lui dire : « Tel psychologue ne va pas te regarder comme un objet, te considérer comme un cas mais il va t'aimer vraiment. » Rien n'est plus important que d'aider un jeune à trouver un point d'appui solide.

Tu as donc constitué un réseau autour de toi?

Je connais des personnes auxquelles je peux envoyer certains jeunes, mais c'est insuffisant. Je suis toujours en quête de bonnes adresses et également de lieux de retraite et de silence.

Mais ce ne sont peut-être pas des lieux pour ceux qui sont drogués?

Avec la drogue, nous nous y prenons mal. Supprimerait-on les rats de sa maison en y mettant de la mort-aux-rats? Demandons-nous plutôt : « Pourquoi les rats viennent-ils ? » Mettre les jeunes en prison n'est certainement pas une solution digne.

Lors d'une émission sur la drogue trois jeunes au moins ont affirmé : « On m'a mis en tôle et cela m'a fait réfléchir. »

C'est vrai seulement dans certains cas, mais trop souvent la prison met les jeunes en contact avec des gens qui sont pires qu'eux.

Cette forme de déviance mérite une extrême attention. Nous devons nous poser la question : « Pourquoi notre époque a-t-elle fait naître ce phénomène? » Il y a une phrase de Romain Rolland qui est très précieuse à cet égard : « Je ne puis dire à quel point mon époque était déicide. Et comme mon âme était essentiellement religieuse, c'était moi-même, sans le savoir, que l'on tuait. » Il y a là une piste intéressante. Nous vivons dans une époque qui marginalise les démarches de spiritualité et les efforts pour retrouver notre âme. On croirait à un véritable complot. Cela crée un vide. Souvenez-vous de cette belle parole des Upanishads où une femme dit : « Que peut me faire à moi ce qui n'est pas éternel? »

La réalité profonde, réalité éternelle est comme gommée, niée.

Mais cela est en train de changer...

C'est vrai, mais je crains qu'étant donné la puissance de leurs besoins spirituels, les jeunes se précipitent vers les sectes comme des affamés se jettent sur les lacets de leurs chaussures.

Ce n'est pas forcément négatif. Il y a des gens qui doivent passer par là.

Ce peut être en effet une étape. Il ne faut ni dramatiser ni banaliser. Encore faut-il distinguer dans les sectes les doux-dingues et les violents. Les sectes sataniques existent, où l'on demande aux adeptes de faire des sacrifices humains Souvenez-vous du meurtre de Sharon Tate. Ce qui m'a frappé au moment du jugement, c'est le visage de ces femmes qui avaient participé à l'assassinat. Elles étaient ravissantes, souriantes et persuadées d'être les envoyées d'en haut.

Le nombre de lieux pour renaître, se refaire l'âme, découvrir l'éveil spirituel augmente. Les médias en parlent peu, c'est dommage ! Aux yeux de beaucoup, tout ce qui est religieux est ringard. Et c'est la même chose à l'Éducation nationale. Je me souviens d'un événement significatif. Dans un lycée parisien, une femme, professeur d'anglais, utilisait des méthodes de relaxation, pendant cinq minutes, au début de ses cours. Elle obtenait des résultats étonnants de silence et d'écoute, mais elle n'en a pas moins été limogée. J'ai même entendu un responsable d'Académie dire à la télévision en parlant de cette affaire : « Nous n'accepterons pas en France ces méthodes religieuses et fascistes ! » C'était il y a quinze ans !

Cela n'arriverait peut-être plus aujourd'hui.

Il y a en France deux milieux qui semblent fermés à la dimension spirituelle : l'enseignement et les médias.

Dommage, ce sont précisément les deux plus importants pour les jeunes !

Ce sont ceux qui leur fournissent les éléments pour qu'ils se construisent une vision du monde. A l'émission *Sept sur Sept,* Anne Sinclair a montré un jour à un homme extraordinaire et très connu des images d'enfants squelettiques du Sahel. Elle lui a demandé : « Qu'est-ce que ces images vous inspirent ? » Il y a eu un long silence et l'homme a répondu : « Dieu est méchant ! » Il est évident qu'un jeune à qui on montre ces scènes atroces avec ce commentaire sera spontanément d'accord pour rendre Dieu responsable. A mon sens, le point de vue de Dieu serait plutôt : « Prépare-toi à partir pour le Sahel. J'ai besoin de vous, les hommes, pour changer ce monde. Il Me faut des courroies de transmission. Je veux Me servir de toi comme je Me suis servi d'Abraham, de Moïse et des prophètes. »

Lorsque je parle comme cela aux jeunes, je les sens extrêmement réceptifs. C'est ce même message qu'a entendu François d'Assise dans la petite chapelle où il était venu exorciser son chagrin : « Viens, François, J'ai besoin de toi. Répare Mon Église. »

C'est un changement de perspective radical.

Tout à fait. Les jeunes peuvent comprendre que les souffrances et les injustices du monde actuel ne sont pas un spectacle devant lequel on va répéter, bien assis dans son fauteuil, que Dieu est méchant. S'ils entendent Dieu leur dire : « Viens, aide-Moi à sauver le monde ; J'ai besoin de toi », alors tout change, tout bascule. Au lieu de se cogner la tête contre les murs en se disant : « Ce monde est mal fait », au lieu de crier : « Arrêtez le train, je veux descendre », ils vont demander : « Dites-moi où je peux être embauché ! » Ils ne risquent pas de manquer d'ouvrage, ce ne sont pas les associations qui manquent. Dans ce domaine-là, ils ont plus de chance que ceux de ma génération. Pendant l'occupation nazie, j'étais trop jeune pour rejoindre le maquis. Plus tard, je me suis proposé pour le Biafra, le Bangladesh, le Kurdistan et on m'a dit : « Trop âgé. » Les jeunes ont de la chance. Je me demande pourquoi certains ne la saisissent pas.

Il y en a quand même beaucoup qui s'engagent.

Bien sûr, il y en a beaucoup, et ils sont d'une générosité folle. Jamais il n'y a eu autant de jeunes se proposant pour des actions humanitaires. Or, que disent-ils en revenant ? « Tu pars pour le tiers-monde dans un grand élan de générosité en te disant que tu vas donner et tu t'aperçois en revenant que tu as reçu bien plus que tu n'as donné. » Ils disent tous cela, ceux qui reviennent ! Généralement, ce qu'ils reçoivent, c'est un éveil dans les domaines de la vie spirituelle, de l'accueil ou de la convivialité.

On pourrait dire « un supplément d'âme ».

Oui. Et il est vrai que notre époque souffre d'un grand manque de ce côté-là.

Vous connaissez certainement cette image de Virgil C. Gheorghiu : « Autrefois, on mettait des petits lapins dans les sous-marins et, quand ils mouraient, on se disait : “ Nous allons manquer d'oxygène. Refaisons vite surface sinon l'équipage va mourir. ” » Nous vivons dans un monde où l'oxygène de la poésie manque cruellement.

Ce n'est pas seulement la poésie qui manque mais la spiritualité ! Refaisons vite surface, sinon nous allons tous mourir asphyxiés.

Les drogués sont à tes yeux les petits lapins du sous-marin ?

Exactement ! Et aussi les dépressifs et les candidats au suicide. J'ai envie de crier à mes contemporains : « Combien de drogués faut-il pour que nous fassions demi-tour ? Combien de suicidés ? » Ce gâchis est un appel, une invitation à un sursaut !

On parle beaucoup des suicides de jeunes.

Parce que leur nombre ne cesse d'augmenter. Certains jeunes ne peuvent supporter la vision qu'ils ont du monde. Ils ne voient que l'envers et c'est tellement laid qu'ils veulent partir. Que ce soit dans le néant ou dans une bulle comme les drogués, de toute façon ils quittent le réel.

Les suicidaires devraient attirer notre tendresse, provoquer notre générosité. Chaque fois qu'ils laissent des mes sages — cela arrive — c'est pour dire : « Il n'y a pas d'amour. » Je me rappelle cette lycéenne qui avait subi dans son passé une cascade d'humiliations. La dernière en date fut la réflexion d'un professeur, après qu'elle eut remis une copie blanche : « Toi, que tu travailles ou pas, de toute façon, tu n'auras jamais de chance : tu es née sous une mauvaise étoile. » Elle ne l'a pas supporté et elle s'est donné la mort. Elle a laissé un mot : « Comment faites-vous pour vivre dans un monde où l'on s'aime si peu ? »

Je ne veux surtout pas jeter la pierre au professeur car, dans une société où l'on est mangé par son activité, on peut dire très facilement des paroles qu'on ne pense pas et qu'il ne faut surtout pas prendre au sérieux ! Cela peut arriver à tout le monde : on dit ce genre de parole comme on éternue ! Mais, si elle tombe sur un être fragile, blessé, cette parole peut être la petite pichenette qui le fait basculer dans le vide.

La langue tue.

Oui, une parole accablante peut être la goutte d'eau qui fait déborder le vase. Tu as raison, la Bible parle de « la langue qui tue ». En France, le nombre de tentatives de suicide chez les jeunes est à peu près de deux cent mille par an. Et sept à huit mille suicides accomplis. Les chiffres ont, paraît-il, doublé depuis vingt ans !

On dit que le suicide est un appel au secours.

Oui, mais le secours arrive souvent trop tard. Un soir, lors d'un pèlerinage de jeunes à Lourdes, je me suis demandé si je devais rentrer à l'hôtel ou continuer ma promenade habituelle. J'ai décidé de rentrer et j'ai trouvé dans ma chambre une jeune fille de dix-huit ans, les veines ouvertes, le sang coulant le long de ses mains.

Pourquoi dans ta chambre ?

Elle savait que je ne rentrais pas très tôt et je crois qu'elle s'est dit : « Je mets le destin en mesure de me porter secours. Si personne ne vient, cela voudra dire que je ne dois pas vivre. » Elle a été sauvée, parce que je suis arrivé à temps. Si j'avais continué ma promenade, je la trouvais morte...

J'avoue que j'ai été extrêmement impressionné. Il n'y a pas au monde de souffrance pire pour des parents que de voir le cadavre de leur enfant qui a choisi de mourir.

D'autant plus qu'ils se sentent culpabilisés, écrasés. Lorsqu'un enfant est drogué ou se suicide, on dit toujours que c'est la faute des parents.

Il faudrait être très prudent dans la recherche des causes. Personnellement, je pense que la grande cause de tous ces malheurs est la pauvreté spirituelle de notre civilisation.

Dans ma jeunesse, j'ai été tenté par le suicide. La drogue aussi m'aurait attiré, mais j'ignorais son existence. Je crois qu'en m'imprégnant des poèmes de mon amie Agnès, ou en en composant moi-même, j'ai eu accès à des émotions que la drogue prétend procurer. Il en fut de même avec certaines musiques : Borodine, Tchaïkovski, Beethoven. Nous avons été créés avec une âme et elle a des besoins aussi forts que nos instincts physiologiques. Notre époque bâillonne l'âme. Rimbaud et Claudel ont failli en mourir. J'ai écouté des centaines de jeunes qui avaient recours à la drogue. Ma conviction est claire. Tant que l'espace spirituel sera limité à sa plus simple expression, tant que des catéchèses proposeront la foi de façon figée et moralisatrice, tant qu'on n'aidera pas les jeunes à vivre de profondes expériences spirituelles, beaucoup iront vers la drogue ou vers des sectes plus ou moins farfelues.

Pourquoi?

Le monde dans lequel nous vivons est trop technique, trop froid. Tout se passe comme si l'humanisme athée avait généré une civilisation aseptisée contre l'irruption du spirituel. Saint Augustin a écrit : « Seigneur, Tu nous as faits pour Toi (vers Toi), et notre cœur est inquiet (sans repos) jusqu'à ce qu'il T'ait trouvé. » Cette phrase est une clé. On ne résoudra pas le problème de la drogue en brûlant des millions de tonnes de canabis, de haschich ou de poudre d'héroïne. C'est nécessaire mais ce n'est pas suffisant. Malraux disait, et ce n'était peut-être pas une plaisanterie :

« On n'échappe pas à Dieu. » L'homme est un animal religieux. Dieu lui a mis dans le cœur une cellule réceptrice qui fait « bip, bip » de temps en temps. Si nous accueillons les fausses révélations, les fausses expériences, nous sommes dans la situation d'un adolescent qui chercherait à résoudre seul des pulsions sexuelles qui n'ont de sens que tournées vers un autre être. Si nous tombons dans le rationalisme athée le plus étroit, nous nions tout intérêt à la pulsion spirituelle, nous la disqualifions jusqu'à ce qu'elle se taise à tout jamais. La pile de la cellule par laquelle Dieu aurait pu nous faire signe est morte ! Le rationalisme engendre les spiritualités débridées, les spiritualités débridées renforcent le rationalisme ; c'est comme une trachéite qui s'entretient à force de tousser.

Revenons-en à la responsabilité des parents.

Il faut à tout prix éviter de les culpabiliser. D'abord parce que ce n'est pas juste. Les parents sont pris dans la mouvance d'une société et ils ne sont pas plus responsables que les autres membres de cette société. Les jeunes sont soumis à des influences bien plus fortes que celles de leur père ou de leur mère.

Il peut y avoir un lien de cause à effet entre telle épreuve vécue par les parents et telle angoisse que vit leur enfant ! Chacun peut se dire : « Si le monde va si mal, c'est aussi à cause de moi. » Cela me rappelle la réponse de mère Teresa à un journaliste qui lui demandait : « Qu'est-ce qui ne va pas, ma sœur, dans le monde d'aujourd'hui ? » Elle a répondu : « Ce qui ne va pas, monsieur, c'est vous et moi. » Mieux vaut s'interroger sur soi-même plutôt que de chercher des boucs émissaires. Culpabiliser quelqu'un, c'est se décharger de sa propre responsabilité.

Un autre drame, à notre époque, touche aussi les jeunes : le sida. Que faire pour ceux qui sont atteints ?

Je souhaite que la société ouvre son cœur, que de plus en plus d'hommes et de femmes de bonne volonté ouvrent des lieux d'accueil. La maladie est déjà assez pénible en elle-même sans qu'on y ajoute la solitude et la honte. Je me souviens d'un jeune, victime du sida, que j'ai un peu accompagné dans sa descente aux enfers. J'ai veillé à son chevet quand il était à l'hôpital. A ce garçon qui avait perdu tout contact avec la foi, j'ai pu parler de Dieu. Je lui ai demandé : « Est-ce que tu réalises que tu vas peut-être passer à un nouvel état de conscience ? Est-ce que tu peux accepter cela paisiblement ? » Il m'a répondu : « Moi, après ce que j'ai fait ! je ne peux pas être accueilli là-haut. » Je lui ai dit : « Mais Dieu t'aime ! Il va te serrer dans Ses bras ! Tu es Son enfant chéri ! » J'ai vu son regard briller. Rendre l'espérance à un garçon qui est au bord de la mort, voilà un cadeau superbe que les croyants peuvent offrir.

J'ai veillé souvent des jeunes en agonie. Je me souviens avec émotion de cette jeune fille qui est morte quelques heures après ma visite. Elle me disait : « Stan ! tu crois vraiment qu'il y a quelque chose derrière ? » Je lui ai souri et je lui ai dit : « Mais non, c'est bien plus beau ! Il y a Quelqu'un ! » J'ai vu cette fille se laisser illuminer de bonheur.

Ce problème du sida est tellement immense que nous ne pouvons que l'effleurer ici.

C'est vrai qu'il est immense et c'est pour cela que nous devons tous nous mobiliser, créer des lieux de dialogue, apporter une aide à ceux qui sont menacés comme à ceux qui sont déjà atteints. Tous ont droit à notre protection et à notre amour. Ils ont besoin qu'on leur ouvre les bras parce qu'ils sont peut-être les plus malheureux. Il faut que la générosité s'étende aux dimensions de la détresse.

Il y a là un beau « créneau » pour ceux qui se plaignent de ne pas avoir de raisons de vivre. Qu'ils se portent volontaires, soit pour s'attaquer aux causes de ce fléau comme chercheurs, soit pour inventer des « lieux de vie » pour ceux que la société a tendance à rejeter, par peur.

Mais comment rémunérer ces volontaires ?

Des chanteurs proposeront des concerts, on cherchera des mécènes. L'argent viendra toujours si tout le monde s'y met.

Il faut absolument faire quelque chose. Nombreux sont ceux qui s'y emploient déjà.

Et la violence ? C'est aussi un des grands fléaux de notre temps.

La violence est un symptôme. Elle naît d'une négation de la dignité ou de difficultés trop grandes pour trouver sa place dans l'existence. Les regards négatifs posés sur un être finissent par le jeter dans la violence, contre les autres ou contre lui-même...

... et dans le cycle infernal violence-répression.

La répression ne guérit pas les causes de la violence et c'est vers les causes qu'il faut aller. S'il y a une inondation dans un champ parce qu'une vanne a été ouverte, on évacue le trop-plein d'eau mais on va aussi refermer la vanne. La violence vient de ce qu'une vanne de malheurs a été ouverte. Il faut unir toutes nos générosités pour la fermer.

Avec les jeunes que tu rencontres, es-tu parfois confronté à la violence ?

Je l'ai été bien avant de devenir prêtre et pendant mes premières années de sacerdoce. Je ne le suis plus aujourd'hui. Tel ou tel jeune est saisi parfois par une violence qu'il extériorise avec des mots. Si on l'empêche de s'exprimer, il retourne la violence contre lui-même, ce qui l'amène à se haïr, voire à tenter de se supprimer. Cette violence vient presque toujours du manque de confiance en soi et d'une humiliation.

Faisons-nous l'avocat du diable : tu dis qu'il ne faut pas réagir à la violence par la répression, mais peut-on faire autrement ?

Pas toujours, mais ce n'est pas suffisant. Réprimer ne doit en aucun cas nous dispenser d'aller au cœur du problème. J'ai animé un jour une session-retraite à l'aumônerie de la Gendarmerie nationale. Ils étaient plus de cent gendarmes.

Ils avaient demandé que mes conférences portent sur le thème : *Gendarmerie et tendresse.* C'était très émouvant d'entendre des gendarmes parler des secours qu'ils avaient pu apporter à des jeunes en difficulté. Ils vivaient leur vocation de chrétiens dans cette dimension-là. Ils étaient nombreux à penser que la répression est comme un sparadrap sur des boutons de rougeole.

Ils ne t'ont pas dit qu'ils étaient malheureux de ne pas être aimés ?

Bien sûr que si ! Et les mal-aimés peuvent devenir teigneux ! Si on est gendarme, cela peut avoir davantage de conséquences que si on est boulanger.

Chez les jeunes, la violence témoigne souvent d'un surcroît de vitalité qui cherche un exutoire. Pourquoi ne pas offrir à cette vitalité des débouchés positifs ? Pourquoi ne pas leur proposer des activités qui prennent tout l'être. Que ce soit dans les domaines du sport (la montagne, le parapente...), de l'aventure, ou mieux encore de la solidarité.

Il doit tout de même y avoir beaucoup de lieux où on leur propose dc telles activités ?

Heureusement ! Des communautés et des mouvements permettent à des jeunes d'embrayer sur un réel constructif. Lorsque la vitalité des jeunes peut trouver à « mordre » sur le réel, alors les choses se transforment. Dans une menuiserie, si tu ne mets pas une planche au contact de la scie à ruban, la scie va tourner à une vitesse folle, risquer de se décrocher et faire des dégâts... Il faut aider les jeunes à s'aimer eux-mêmes. Celui qui ne s'aime pas est d'une fragilité inouïe. Je le compare à un plongeur sous-marin qui ne vit que par le tuyau relié à une bouteille d'air. Un signe d'abandon, une parole de méchanceté sont comme des coups de couteau dans ce cordon vital. Mais un jeune doit pouvoir un jour se dire : « Désormais, je ferai taire mon besoin d'être reconnu et je reconnaîtrai les autres. »

X.

« Tu acceptes de recevoir de moi, donc je suis »

Nous avons parlé de tout ce que tu pouvais apporter aux jeunes qui t'entourent. Nous aimerions que tu nous dises maintenant ce que ces jeunes t'ont apporté.

Même si je n'en étais pas toujours conscient, ils m'ont donné la joie profonde d'être utile. Lorsqu'on aime et lorsqu'on est aimé, on se sent justifié d'exister.

N'était-ce pas pour toi satisfaire enfin ce besoin d'être reconnu que ton père n'avait pas satisfait ?

Un père qui existe fortement peut susciter chez ses enfants un désir de rivaliser avec lui. L'influence de mes parents a surtout été de me donner de l'énergie à revendre.

Qu'espérais-tu faire pour ces jeunes ?

J'étais profondément heureux d'être avec eux, accepté par eux. Je me disais que c'était ma place. Lors de mes débuts avec les jeunes délinquants, j'aurais été incapable d'en dire plus !

Est-ce que tu avais le sentiment à cette époque que c'était chez toi le début d'une vocation ?

Avec le recul, je reconnais que tout a commencé là pour moi. A cette époque, je ne voyais pas très loin, je vivais dans le moment présent. Plus tard, sous l'effet de mes études de philo, j'ai beaucoup changé. J'ai aimé la philosophie à la folie. Pour la première fois de ma vie, j'avais des notes très brillantes. Elle m'a amené à réfléchir à propos de tout. Depuis, je n'ai plus passé une seule semaine sans noter quelques pensées. Lorsque j'étais enfant, il m'arrivait de noter certains événements de la journée dans un agenda, mais je ne les commentais pas. Ensuite les impressions l'ont emporté sur les récits. Je dispose d'une quarantaine de cahiers où j'ai noté au jour le jour ce que j'ai vécu ou éprouvé, des conversations entendues, des scènes de générosité ou de cruauté, comment je perçois les autres, le souci que je me fais pour tel ou telle...

Tu as donc écrit toute ta vie ?

Oui ! C'était l'expression d'une véritable fringale de comprendre ; aux deux sens du mot, « emporter avec soi » et « découvrir la signification ». Je n'ai publié qu'à l'âge de quarante ans. Je l'ai fait uniquement parce que cela m'a été demandé. Beaucoup de jeunes m'interrogent : « Qu'est-ce qui te fait courir ? Qu'est-ce que ça t'apporte d'être prêtre ? » J'avoue ne pas avoir très bien compris pourquoi cet appel m'est tombé dessus. Bien d'autres, plus qualifiés que moi, ne le sont pas devenus. Je me sentais attiré par tant d'autres chemins : pilote, géologue, médecin, éducateur, globe-trotter, reporter... J'aurais aimé fonder une famille, faire cadeau de la vie à tout plein d'enfants. Je n'ai pas très bien compris la force de cet appel lancinant qui m'entraînait plus loin pour aider les hommes, mes semblables, à vivre une vie plus digne, à se relever de leurs humiliations, à savoir lire le sens de leurs souffrances et la beauté de leurs joies. C'est presque malgré moi que je suis devenu prêtre, colporteur d'espérance. Un Autre me poussait, ce Dieu invisible auquel il est si difficile de résister quand Il insiste. Il m'a fait signe à travers tant de visages blessés !

Finalement, je peux dire que les jeunes m'ont tout apporté puisque c'est grâce aux jeunes délinquants que j'ai découvert Jésus-Christ.

Voilà qui demande une explication.

Ils ont provoqué chez moi un état de manque, d'insatisfaction, de désir. Ils demandaient beaucoup et je ne pouvais presque rien. Ils étaient rugueux, décourageants, insupportables parfois. Où trouver un robinet qui me donnerait de l'amour à profusion, pour les aider à vivre ? Cette source d'amour existait mais je ne la connaissais pas encore. Un jour, j'ai compris que, si je voulais leur donner de l'amour, il fallait que je sois moi-même branché en permanence sur la source de cet amour, que je prenne mon énergie à l'origine même de l'énergie. Alors tout a changé, je pouvais venir boire à cette fontaine qui m'aidait à reprendre cœur. Je pouvais repartir d'un bon pied chaque matin, oublier les « vacheries » faites la veille par des jeunes qui étaient difficiles. Le grand apport que nous font ceux qui ont besoin de nous, c'est le simple fait d'avoir besoin de nous. Leur appel nous provoque. C'est une pro-vocation ! Je m'explique... Imagine qu'un jeune vienne chercher auprès de moi un peu de confiance dans la vie. Supposons qu'il me trouve dans un moment de découragement, dans un état de moindre vitalité. Devant ce jeune qui vient, je vais cesser de m'attendrir sur mon sort, je vais ramasser mes énergies d'espérance pour les lui communiquer. Et voilà que, par osmose, cette aide que je me suis efforcé d'apporter me rejoint moi-même.

Mettons que je dise à tel jeune qui est dans la désespérance : « Si tu veux, nous allons prier ensemble. » Du coup, je prie moi aussi. Si je m'étais isolé dans ma petite bulle, j'aurais peut-être oublié que le Seigneur est là. Grâce à ce garçon ou à cette fille, me voilà en train d'accueillir la présence de Dieu.

Je leur répète souvent : « Ne me dites jamais : “ Excuse-moi de te déranger. ” Lorsque vous venez, vous me faites exister. Je n'existe que par vous. Tout ce que vous me demandez, du moins dans la mesure où il ne s'agit pas d'arbitrer vos histoires d'héritage, tout ce que vous me demandez dans l'ordre de mon sacerdoce — vous écouter, vous comprendre, essayer de savoir avec vous ce que Dieu attend de vous — tout cela me sauve. » Un prêtre qu'on ne va plus voir et à qui on ne demande plus rien finit par oublier pour quoi il existe. Le sacerdoce ne lui a été remis que pour les autres. Un prêtre ne s'use que si on ne s'en sert pas. C'est sans doute vrai pour toutes les professions qui sont autant de façons de donner sa vie.

Interrogez un médecin et demandez-lui ce que ses malades lui ont apporté. Je suppose qu'après trente ans d'exercice, il vous dira : « Chaque malade m'a aidé à devenir ce que je suis. »

Tu ne refuses jamais ta porte et, en même temps, tu éprouves le besoin constant de te relier à ta source. Comment arrives-tu à concilier les deux ? Ne risques-tu pas de tomber dans cet activisme qui empêche tant de prêtres de se ressaisir? Certains n'ont même plus le temps de prier!

Vis-à-vis de la prière et du ressourcement, je serai toujours, je le crains, en état de manque, de désir, de nostalgie. Peut-être vais-je regretter jusqu'à ma mort d'avoir été prêtre séculier et non pas religieux ! Mais rassurez-vous, je prends de plus en plus le temps de prier. Ce n'est pas Stan Rougier que les jeunes viennent chercher mais un homme ouvert à la visite de Dieu. Lorsque Dieu me dit : « Je Me tiens à ta porte et Je frappe. Si tu M'ouvres, J'entrerai », si je n'ouvre pas, tout ce que je pourrai donner ensuite en sera appauvri.

Chaque jeune m'aide à devenir un meilleur prêtre. Il m'aide à mieux lire la Parole de Dieu, à mieux comprendre ce que je réalise lorsque je donne un sacrement, et notamment celui de la Réconciliation. Sa demande me réveille, me secoue.

Dieu, dans la Bible, dit à Ses messagers : « De toute parole de Ma bouche vous les avertirez... Je vous ai établis sentinelles. Si l'ennemi entre dans la cité, Je vous demanderai compte du sang versé. » Quand je vois un jeune dont la vie s'oriente mal, je me demande : « As-tu été inattentif ? As-tu prononcé une parole hâtive, un petit mot en l'air, humiliant, et que l'autre a pu prendre au sérieux ? »

Sans cesse, je vois les conséquences merveilleuses de l'amour véritable et les conséquences désastreuses du rejet, de la froideur, de l'ironie. Ce sont les jeunes qui me montrent, souvent sans paroles, ce qu'aimer veut dire.

Un garçon est venu me voir il y a quelques jours. Il planait complètement et j'avais envie de le secouer et de lui dire : « Écoute, atterris un peu, je t'en conjure ! » Intérieurement, je répétais : « Seigneur, donne-moi de l'accueillir ! Fais que je l'aime ! » Je me rendais compte que, sans amour, j'allais lui faire la morale. Sans amour, on dit toujours des stupidités.

Mais on ne peut pas être tout le temps dans l'amour !

C'est justement pour cela que j'ai besoin de ressourcement.

Que dis-tu à Dieu dans ces moments-là ?

« Seigneur, je suis une cruche, remplis-moi ; je suis une bûche, allume-moi. Tu veux Te servir de moi. Tu prends un grand risque car je ne suis qu'un pauvre instrument, une pauvre sono capable de trahir la musique. Mais je suis dans Ta main et je voudrais y rester... »

Et puis, surtout, je ne Lui dis rien, je L'écoute. J'ai toute la Bible à ma disposition. Plus on la lit, plus elle vous parle !...

Je sais bien que je ne peux pas aimer tout le temps, tout le monde. Il y a des gens que je comprends assez bien, d'autres que je comprends mal. Il y a ceux avec lesquels je me sens en phase et les autres. Il y a ceux qui ont les mêmes passions que moi et ceux qui ont des passions contraires. À l'égard de certains, mon amour a du mal à prendre son envol. Pourtant, je dois les aimer eux aussi. C'est là l'originalité de l'amour selon le Christ : un amour sans frontières.

D'après tout ce que tu as dit, ce sont les jeunes qui, sans cesse, te poussent vers Dieu. As-tu le sentiment que tes relations avec eux s'approfondissent ? Lorsque tu les as rencontrés pour la première fois, tu étais jeune comme eux. N'est-ce pas plus difficile maintenant que tu es plus âgé ?

Les premières années de mon sacerdoce, j'avais énormément d'énergie, de punch, de joie de vivre et une étonnante faculté à retomber sur mes pieds lorsque j'avais été déstabilisé. Avec le temps, j'ai pris conscience de mes limites, de ma pauvreté. J'ai compris que les « blessures » de mon enfance avaient laissé en moi des fragilités. Au lieu de me lamenter, je me suis dit : « Heureuse vulnérabilité qui me vaut un tel Sauveur ! » Ou bien, comme dit saint Paul : « C'est ma faiblesse qui fait ma force. »

Un jour, j'ai dû quitter l'aumônerie parce que c'était vraiment trop dur. J'ai suivi cinq retraites consécutives, dont l'une chez Lanza del Vasto. Et j'ai fini par bénir cette déprime qui m'avait obligé à aller plus loin dans ma relation à Jésus-Christ.

Aujourd'hui, j'ai un peu moins de punch, un peu moins de santé...

Qu'est-ce que ça devait être !

Cette vitalité pouvait faire des jaloux. J'avais des moments de bonheur inimaginables. Il m'arrive de me demander : « Comment peut-on avoir été aussi heureux ? » Maintenant, c'est différent : c'est moins naturel et peut-être un peu plus surnaturel. Je crois que les autres y gagnent. Ma joie est moins sûre d'elle et plus sûre de Dieu. Je peux davantage me trouver au diapason de ceux qui souffrent.

A une époque où ça n'allait pas du tout, je suis allé m'effondrer auprès d'un prêtre que je ne connaissais pas. Il m'a dit : « Je dois prêcher une retraite à des femmes en prison, tu vas y aller à ma place. » J'ai protesté : « Mais vous ne m'avez pas compris ! Je suis en train de vous raconter que je suis au trente-sixième dessous. » Il m'a dit : « C'est pour cela que je te le demande. Si tu étais en forme, je ne te le demanderais pas. Ces femmes sont écrasées. Tu ne peux pas imaginer les humiliations qu'elles endurent. La parole que tu leur donneras de la part de Dieu sera la parole d'un homme blessé. » Ce prêtre avait raison. Quand je suis revenu, après avoir écouté certaines de ces femmes, après avoir partagé leur détresse, je n'avais plus une seconde à perdre pour m'attendrir sur mon sort.

Tu dis que tu as beaucoup changé en trente ans, mais il y a au moins quelque chose qui, me semble-t-il, n'a pas changé, c'est ton amour de la poésie.

Tu as raison, cet amour irait plutôt en augmentant. Il me vient sûrement de ma mère qui était artiste peintre. Les réalités créées me parlent d'éternité, d'infini. On me demande souvent : « Qu'adviendra-t-il de nous après la mort ? » La beauté du monde me parle d'un état de béatitude pour lequel nous sommes venus à la vie. Quand je vois un ruisseau qui coule, quand j'entends chanter un oiseau, quand je me réveille la nuit avec toutes ces étoiles au-dessus de la tête, c'est comme un avant-goût d'Éternité... S'il y a en plus une présence amicale, alors, nous y sommes déjà !

Tu aimes la vie...

Passionnément. J'aime rencontrer les êtres, j'aime savoir que nous sommes appelés à une immense aventure qui nous conduira à être ensemble pour toujours. Ici-bas, nous avons des aperçus de ce qui nous attend lorsque la mort viendra parachever notre évolution. Car la mort est une seconde naissance. Nous sommes ici-bas en stage d'amour. Nous apprenons le goût de l'autre.

Lorsque j'étais dans le ventre de ma mère, je me préparais des yeux pour voir alors que j'étais dans l'obscurité, des mains pour prendre alors qu'il n'y avait rien à prendre, des poumons pour respirer alors qu'il n'y avait rien à respirer. Tout s'organisait en moi pour la vie qui allait venir, pour un « au-delà ». Sur terre, nous sommes dans la même situation : nous nous fabriquons un cœur où l'amour pourra brûler, pour toujours, sans lassitude, sans trahison, sans malentendus, sans angoisse !

Ce sera la rencontre avec Dieu...

Il m'a voulu, Il m'a tiré de Son Cœur. Il veut tous les êtres, Il est déjà au cœur de chacun. Lorsque je touche à ce centre en moi, alors je rejoins tous les êtres car le plus court chemin d'un homme à un autre, c'est Dieu. Il est la source en moi de toute joie et de toute poésie. Si on me demandait de Le définir, je ferais volontiers appel à un texte hindou vieux de trois mille ans et que je découvre aujourd'hui :

« La face de la vérité reste cachée,
dévoile-la, Ô Dieu de la lumière,
que je puisse la voir,
moi qui T'aime.
Toi, soleil qui donnes la vie,
répands Ta lumière,
retiens Ta splendeur aveuglante
que je puisse contempler Tes rayons !
L'esprit qui est le plus extrême en Toi
est mon esprit le plus intime. »

Pourquoi aller chercher en Inde ?

J'inverse la question ; pourquoi ne pas prendre des trésors qui nous sont donnés, d'où qu'ils viennent ? Mais c'est vrai : notre patrimoine spirituel regorge de textes magnifiques sur l'amour de Dieu. Il y en a tant dans la Bible. Lisez Jérémie : « D'un amour éternel Je t'ai aimé ! C'est pourquoi Je t'ai appelé. » Ou Isaïe : « Tu as du prix pour Moi, et Moi, Je t'aime. »

Isaïe encore :

« Une femme oublie-t-elle son enfant ?
Même s'il s'en trouvait une pour l'oublier,
Moi, Je ne t'oublierai jamais.
Regarde, Je t'ai gravé sur la paume de Mes mains. »

Isaïe toujours :

« Alors que tu étais abandonné, méprisé, délaissé,
Je ferai de toi un objet d'éternelle fierté...
Comme un jeune homme met sa joie en celle qu'il aime,
Ton Dieu met Sa joie en toi... »

Ces textes, je ne les invente pas. N'importe qui peut les trouver avec des centaines d'autres qui chantent l'amour incroyable de Dieu pour nous aujourd'hui. Et que dire des Évangiles !

Regardez les risques fous que prend Jésus pour une prostituée quelconque, un grippe-sou, un lâche, un soldat de l'armée d'occupation... Ce qu'Il fait pour eux, puisqu'il s'agit de Dieu, ne peut être seulement un document d'archives ! Ce qu'Il leur dit, tu peux l'entendre aujourd'hui pour toi. Dieu est actuel ! Celui qui consent à l'accueillir reconnaît ces signes.

Je lis la Bible depuis plus de trente ans et j'y découvre sans cesse de nouvelles preuves d'amour. Ma pauvre Bible ! Elle est tellement usée que des amis me l'ont fait relier à neuf. J'ai coché les passages qui sont ma nourriture quotidienne et j'ai écrit sur la page de garde : « Ta parole était mon ravissement, la joie de mon cœur. » (Jérémie, 15.)

XI.

Plusieurs religions pour un seul Dieu

En parlant avec toi, en lisant tes livres, nous nous rendons compte que les voyages ont joué dans ta vie un rôle essentiel. Depuis ton adolescence, tu as roulé ta bosse un peu partout et tu continues. Qu'est-ce donc qui te pousse sur tous les chemins du monde ?

Le côté magique et imprévisible des rencontres. J'ai été hébergé partout : dans des cabanes de paysans boliviens à quatre mille mètres d'altitude, chez des hippies mexicains ou des drogués de Katmandou. Dans mon cœur, il y a un livre d'or, un album de photos fait de milliers de visages.

Cette boulimie des voyages m'aide beaucoup avec les jeunes. Ils y sont très sensibles. Ils se passionnent spontanément pour l'aventure et pour la découverte.

Raconte-nous des souvenirs de ces voyages.

C'est d'abord la Nouvelle-Calédonie qui me vient à l'esprit. Le curé de la cathédrale de Nouméa est venu en France et m'a vu parler à la télévision. Il a pensé que j'avais quelque chose à raconter, que je le disais avec conviction et il m'a proposé de venir animer des retraites chez les jeunes mais aussi chez des laïcs adultes, des prêtres, des religieuses. Des rencontres ont eu lieu avec la population jusque dans la lointaine brousse. Toute la paroisse venait. Un peuple canaque merveilleux que je rencontrais dans la nature ou sous la véranda des presbytères.

Un jour, ils m'ont fait parler de moi. Je me souviens d'avoir raconté que ma mère avait dû me mettre chez une nourrice et que le vrai fils de cette femme-là était lui aussi devenu prêtre. J'ai ajouté : « Moi, je soupçonne le lait d'avoir été coupé à l'eau bénite. » Ils ont éclaté de rire et je ne pouvais plus les arrêter. On dit que les Canaques sont renfermés. J'ai trouvé une population très joyeuse. Qu'ils soient sensibles à l'humiliation, je les comprends. Je le suis également.

Les actualités télévisées sont venues filmer l'une des retraites que j'ai animées avec des jeunes. Cela a été passionnant. Cinquante-cinq jeunes de douze ethnies différentes rassemblés autour de ce thème : « Qu'est-ce que Jésus-Christ attend de nous aujourd'hui ? Comment sauver dans notre pays les chances de la paix ? »

Lorsque le curé d'une grande paroisse de Tahiti, un ancien ami de séminaire, a entendu dire que j'allais en Nouvelle-Calédonie, il m'a proposé de faire un saut jusque chez lui pour animer une retraite de jeunes.

Un grand saut !

Un saut de quatre mille kilomètres mais un saut de joie. J'avais imaginé rencontrer un groupe d'une quarantaine de jeunes ; ils furent plus de mille.

Un Tahitien de trente ans, diacre marié, débordant d'humour et de chaleur, préparait l'auditoire à entendre les causeries. Les chants, le plus souvent de sa composition, parlaient de tendresse et d'espérance. Cela donnait à ces rencontres une ambiance de festival, dans la magnifique église de Maria No Te Hau :

> « Lève-toi, jeunesse, donne-moi la main
> et bâtissons le monde à venir :
> un monde de paix, un monde d'amour,
> un monde de joie où Jésus régnera. »

Avec de vieux T-shirts, les bras couverts de tatouages, certains retraitants avaient des allures de danseurs de reggae. D'autres, avec leurs cheveux longs et un chapelet autour du cou en guise de collier, ressemblaient à des clochards célestes.

Des visages abîmés ressuscitaient le temps d'un Hosanna en langue tahitienne, dansé avec le corps tout entier, comme à Harlem, comme en Afrique. Des rescapés de l'alcool venaient chanter leur gratitude envers Jésus, devenu leur meilleur ami depuis qu'Il a fait tomber leurs chaînes. Ils avaient retrouvé le sens et la saveur de la vie.

C'est là que j'ai reçu un surnom tahitien qui me tient à cœur : « *Manu here*, “ Oiseau de l'amour ”. Oiseau, parce que tu voyages ; amour, parce que c'est l'essentiel de ton message : Dieu est amour. »

Je marque aussi d'une pierre blanche l'île de la Réunion et son évêque Mgr Aubry, que je considère comme un très grand poète. Un jour, je suis parti dans la montagne avec un de ses livres qu'il venait de m'offrir et j'ai lu tous ses poèmes dans un état de quasi-extase, dans le silence absolu d'un immense cratère. Ce sont là des moments inoubliables !

J'ai rarement planifié mes voyages. Tel évêque m'invite au Zaïre, tel autre au Rwanda ou au Cameroun par exemple. Rencontrer mes frères humains aux quatre coins du monde est mon plus grand bonheur. En Chine, en voyant tous ces visages souriants et fraternels, je me suis dit que les hommes valaient infiniment mieux que les systèmes qui prétendent les améliorer.

Et l'Amérique latine ?

Mon premier voyage en Amérique latine date de 1969. Le second de 1971. Cette fois-là, je suis allé en Bolivie, au Pérou et au Chili. Je me suis rendu dans onze pays latino-américains. Ces pays me touchent énormément pour de multiples raisons, la plus importante étant la chaleur des contacts.

Je prends un petit exemple : à Bogota, j'ai été hébergé par les Jésuites de l'université. L'un d'entre eux m'a dit : « Après-demain, je dois aller dire la messe dans un bidonville. Veux-tu y aller à ma place ? » J'ai été accueilli avec une délicatesse, une gentillesse incroyables. Il n'y avait pas d'église et la communauté s'est rassemblée dans la maison la plus grande. Après l'eucharistie, plusieurs familles m'ont invité à déjeuner et, comme je n'avais pas le don d'ubiquité, nous avons décidé d'aller pique-niquer tous ensemble sous les eucalyptus. Je garde un souvenir ébloui de ces cinq ou six heures passées avec tous ces pauvres, aimés de Dieu, qui ont si peu de moyens matériels mais des cœurs en or.

En fin d'après-midi, un jeune de vingt ans a rassemblé tout le monde et a dit : « Maintenant, nous allons prier. » Il a prié d'une façon spontanée, un peu comme on le fait dans le Renouveau charismatique : « Seigneur ! Merci pour ce messager que tu nous as envoyé de si loin... » Puis il a lu une page d'Évangile et invité chacun à rendre grâce. Ce sont là des moments très intenses !

En Amérique latine, les gens parlent facilement et vont souvent à l'essentiel. J'ai parcouru, en un jour et une nuit mille cinq cents kilomètres en train au Chili, à côté d'une employée de maison qui m'a raconté sa vie de A à Z. Elle était si heureuse de parler et moi si heureux de l'entendre. Je me transforme en abeille au cours de ces voyages. Comme l'abeille, je butine pour engranger du miel[1].

Quelle différence vois-tu entre l'esprit de ces gens-là et l'esprit occidental ?

Je les trouve moins sophistiqués, moins compliqués. Dans beaucoup de bidonvilles au Chili et au Brésil, j'ai vu dans les cases un dessin du Petit Prince sur sa planète avec cette légende : « L'essentiel est invisible pour les yeux. Il n'est visible que pour le cœur. » Voilà une parole que les Latino-Américains comprennent mieux que personne. Avec eux, je me sens spontanément sur la même longueur d'onde.

Trop souvent dans leurs voyages, les Occidentaux arrivent dans les pays dits « sous-développés » avec un instinct de supériorité. Nous allons là-bas pour leur enseigner

1. Stan Rougier, *Nomade de l'Éternel*, Éditions Fayard.

des choses et nous oublions presque toujours d'écouter ce qu'ils ont à nous dire. Sur le plan spirituel, c'est nous qui sommes « en voie de développement ».

Tu dois avoir tellement d'histoires à raconter aux jeunes !

Je n'en manque pas ! Ce qui fait ma joie, c'est de les voir s'enthousiasmer et prendre à leur tour leur sac à dos et leur sac de couchage pour filer au-delà de l'horizon. Ils sont avides de connaître le monde et ses habitants, de partager leurs valeurs, leurs cultures, leurs richesses humaines. Je reçois des cartes postales en provenance des quatre coins du monde avec des phrases de ce genre : « C'est encore plus beau que ce que tu nous disais ! »

Pour moi, le voyage est une université. J'encourage les jeunes à partir à la rencontre des autres peuples à condition qu'ils ne disent pas : « Je viens vous transmettre ma science parce que j'ai tout compris. Je viens vous apprendre à creuser des puits, à distribuer des aliments parce que vous ne savez pas le faire. » Qu'ils partent plutôt en disant : « Nous autres, Occidentaux, nous sommes malades de l'âme. On m'a dit tant de bien sur vos facultés de rencontre et d'amitié ! Je viens m'ouvrir à vos trésors spirituels. »

Je l'ai vécu, cela, étant jeune. On m'avait dit, pendant mes années de Philo, que l'homme était « une passion inutile » et, aussitôt après, au Burkina-Faso, j'ai découvert des gens riches d'amitié et avec lesquels j'ai pu tisser des contacts d'âme à âme. Je peux même dire que les Africains m'ont révélé Dieu.

Et qu'en est-il de ta rencontre de l'Inde ?

Lorsqu'on revient de l'Inde, on n'est plus le même homme. On a découvert un autre univers, un monde où les réalités spirituelles ont une densité inouïe.

La première fois, j'y suis allé par hasard. On m'avait promis un visa pour Cuba et on ne me l'a pas donné. J'ai fait mon baluchon et je suis parti vers l'est en auto-stop en me disant que, si j'arrivais jusqu'en Turquie, ce serait déjà bien. Mais le stop a si bien marché que j'ai traversé la Turquie

« comme une fleur », puis l'Iran. En Afghanistan, un couple d'Allemands m'a pris dans sa fourgonnette. Un peu plus tard, au cours d'une manœuvre dans le sable, ils ont tordu la barre de parallélisme des roues. Le garagiste du village voisin n'a rien pu faire pour la redresser. J'ai eu l'idée d'utiliser le cric comme un vérin entre le coude de la barre et le plancher de la voiture. Du coup, ils m'ont gardé jusqu'en Inde !

J'ai atterri en Inde comme sur une autre planète. La notion du temps n'était plus la même. Je me suis précipité dans des ashrams. Dans l'un, j'ai rencontré un garçon tout à fait extraordinaire qui est maintenant un maître spirituel en France.

Une fois rentré, j'ai dévoré tous les livres sur l'hindouisme que j'ai pu trouver, Ramakrishna, Vivekananda, Ramana Maharshi, Ramdas, Tagore.

Il me paraissait de plus en plus clair que notre monde occidental courait à sa perte s'il s'obstinait à nier la dimension spirituelle de l'être humain. J'avais vu tellement de jeunes qui, partis là-bas, en étaient revenus comme s'ils y avaient fait la plus merveilleuse des découvertes.

Pour beaucoup d'entre eux, leur voyage en Inde leur a permis de découvrir le vrai visage du Christ.

Bien sûr ! Certains même sont entrés au monastère ou au séminaire après ce détour.

Avant ce détour, ils étaient des « déçus du christianisme ».

Ou plutôt des déçus de la religion, une religion très extérieure perçue comme une morale ou un activisme. Ces jeunes « mystiques à l'état sauvage », venus de tous les coins d'Europe et d'Amérique, ne se contemplent pas tous le nombril comme on le croit souvent. Dans le silence, certains d'entre eux guettent une Présence qui les dépasse. Cette Présence est éprouvée et goûtée comme la suprême béatitude. Notre perspective occidentale sur Dieu a survalorisé la première Personne de la Trinité, comme si Elle était seule. Le Créateur tout-puissant semblait enfermer l'homme dans un carcan d'obligations. Cette manière de voir a engendré la protestation de l'humanisme athée : « Notre Père qui êtes aux cieux, restez-y ! » dit J Prévert. Nous avons oublié l'Esprit-Saint, Souffle de vie, Présence invisible, saveur de l'Absolu. Les Hindous connaissent peut-être peu le Père et le Fils, mais ils pourraient singulièrement nous aider à être attentifs au souffle de l'Esprit.

En Inde, j'ai également rencontré le bouddhisme. Je suis allé à Bodhgaya, et, en découvrant la vie de Siddharta devenu Bouddha, j'ai senti mon être se transformer. Le message essentiel du Bouddha peut se résumer ainsi : « Voici le secret de la souffrance, d'où elle vient et comment l'éliminer : ne t'attache pas démesurément aux réalités transitoires. Ne t'attache pas aux êtres en les maintenant trop serrés contre toi, leur refusant de suivre leur propre destinée. La souffrance fait partie du réel. Ne te cabre pas contre elle. Pense à la neige qui tombe sur un sapin. Les branches du sapin ne se raidissent pas contre ce poids. Elles plient et, quand il y a encore un peu plus de neige, elles se libèrent et se relèvent d'un seul coup. » Cet enseignement a été pour moi très précieux.

Parle-nous des ashrams où tu es allé.

Je suis allé à Rishikesh, à l'ashram de Shivananda où j'ai pu longuement parler avec Shitananda, son successeur : un homme qui faisait penser à Gandhi.

J'ai découvert avec une certaine surprise que le Christ était présent dans cet ashram comme dans bien d'autres. Il y a des livres sur Lui, axés uniquement sur la vie intérieure : *Le Père et moi, nous sommes un, Le Royaume est au-dedans de vous...*

Je me levais tôt le matin pour rejoindre un vieillard, une femme et un jeune homme qui chantaient interminablement des mélopées : « Ram, Hari Krishna, Hari Krishna... » Ils avaient des voix envoûtantes et s'accompagnaient du sitar. Cela pouvait durer trois ou quatre heures.

Des Occidentaux m'expliquaient pourquoi ils étaient là. Je me souviens de m'être dit : « Ce que certains jeunes vont chercher dans la drogue, ils pourraient le trouver ici à moindres frais. Et sans risques ! »

Sans risques, ce n'est pas toujours certain.

S'il y a des risques, on peut au moins les contrôler. J'ai enregistré ces chants et il m'arrive de les écouter dans le silence de la montagne. Ils répètent le nom de Dieu. Je peux, en restant chrétien, faire la même chose et répéter interminablement : « Jésus ! Mon Dieu ! Mon Sauveur ! » Ou bien : « Père, au nom de Jésus, envoie-moi Ton Esprit-Saint ! »

Le temps est sûrement venu pour les chrétiens de cesser de croire qu'ils sont les seuls à posséder la Vérité et de dialoguer enfin avec les autres traditions...

Je suis, à ce sujet, un convaincu de longue date ! Lorsque j'ai eu à prêcher cinq dimanches de suite à la télévision, j'ai demandé si l'on m'autorisait à parler des religions non chrétiennes. C'était un peu hardi ! La plupart des gens qui suivent ces émissions sont des personnes qui n'ont pas envie d'être bousculées dans leurs habitudes.

Comment cela s'est-il passé ?

La première homélie était sur l'hindouisme et elle est passée comme une lettre à la poste : pas plus de deux ou trois réactions d'étonnement. Pas une seule lorsque j'ai parlé du Dieu des juifs. Mais j'ai reçu une bonne soixantaine de lettres critiques lorsqu'il s'est agi de l'islam. Avec deux lettres très sympathiques des responsables des mosquées de Marseille et de Bordeaux. Les deux dernières homélies ont été consacrées au christianisme en harmonie ou en contrepoint avec ce que j'avais dit les semaines précédentes.

Les jeunes semblent passionnés eux aussi par ce sujet. Nous avons constaté que beaucoup d'entre eux ne comprennent pas le fanatisme, les guerres de religion et les anathèmes qu'on se lance.

Vous avez raison de dire qu'il faut en finir avec les exclusions et la peur des rencontres entre les membres des différentes traditions. Ce sont les jeunes qui nous y poussent. Ils remettent sans arrêt sur le tapis ces questions : « Pourquoi tant de religions s'il y a un seul Dieu ? Pourquoi Dieu ne fait-Il rien pour harmoniser Ses messages ? » Cette cacophonie les déconcerte et amène certains à ne plus croire en Dieu.

Si on veut aller au fond des choses, on se rend compte que le message religieux nous dépasse tous et que Dieu est infiniment au-delà de tout ce que pourra dire, en Son nom, quelque messager humain que ce soit. Même Jean de la Croix, qui est pourtant allé très loin, peut dire qu'il balbutie au sujet de Dieu, et il le sait.

Le zen est très intéressant parce que c'est une plongée dans le « ici et maintenant » ainsi que dans le silence. Les mots se brisent lorsqu'ils veulent exprimer le mystère de Dieu. L'ermite et le silencieux savent qu'aucune phrase, si inspirée soit-elle, ne peut exprimer totalement la plénitude de l'Absolu.

Que peut-on dire malgré tout du christianisme par rapport aux autres religions ?

En ce qui me concerne, je crois qu'en Jésus-Christ habite la plénitude de la divinité. Mais qui suis-je pour prétendre connaître l'envergure réelle de Jésus-Christ ? Le fin mot du message révélé me semble être ceci : Dieu est une unité d'amour entre trois personnes, trois Êtres qui s'aiment au point de ne faire qu'Un. Le Père est la source, l'origine de la vie. C'est Celui que les juifs nomment Adonaï et les musulmans Allah. « Allah est plus proche de toi que la veine de ton cou », dit le Coran.

Il est aussi le Créateur qui n'arrête pas de créer.

Il crée sans cesse et Il est donc là à stimuler constamment en toi le meilleur de toi-même. Comme le dit saint Augustin : « Dieu t'est plus intime que toi-même. » Cela veut dire que Dieu est en toi, que tu es tissé dans l'étoffe divine.

Les juifs et les musulmans parlent très bien du Créateur, inventeur de l'univers. Les prophètes ne cessent d'insister sur l'invraisemblable tendresse de Dieu. Au point de nous Le révéler comme féminin. Le mot *Rahamim* qui désigne la tendresse de Dieu évoque, on l'a dit plus haut, les entrailles maternelles. Il y a un tableau merveilleux au musée de Saint-Pétersbourg : *Le Retour de l'enfant prodigue.* Rembrandt nous montre le père posant une main d'homme et une main de femme sur l'épaule de son fils.

Il y a de nombreux textes de la Première Alliance qui nous montrent la maternité de Dieu. Et il est bien vrai que Dieu Se conduit comme une mère avec chacun d'entre nous. Voyez Osée : « Et Moi J'étais comme celle qui tient son nourrisson contre sa joue. J'apprenais à marcher à Éphraïm, et ils n'ont pas compris que Je prenais soin d'eux. Je les menais avec de douces attaches... »

Est-ce que ce n'est pas la Mère divine des hindous ?

Il faut peut-être éviter les amalgames. La révélation hindoue est une véritable jungle, mais il me semble que son centre est la participation au Souffle de Dieu. Brahman, c'est l'Absolu, le Souffle divin. Atman est, en nous, participation à ce Souffle répandu dans tout l'univers et dans chaque être vivant. Tout être est animé par une dimension divine.

L'hindouisme est profondément révélateur de Celui que l'Évangile nomme l'Esprit, le Souffle saint. Ce souffle qui donne sens, goût, saveur, ferveur, audace, courage, ce souffle qui est l'âme de la vie.

Brahma, Shiva, Vichnou sont trois facettes de l'Absolu qu'on appelle le Brahman, le Souffle de la vie. Brahma est la vie divine qui se donne en formes innombrables dans l'univers. Vichnou est cette vie en tant qu'elle garde sa permanence, et Shiva la vie qui se transforme. C'est Shiva qui préside aux changements incessants des formes de la vie. Les feuilles mortes disparaissent pour laisser émerger les bourgeons du printemps. On présente quelquefois Shiva dansant sur des têtes de morts, mais cette danse n'est pas plus macabre que celle des feuilles en automne.

Ce qui me paraît très émouvant, c'est cette convergence des grandes traditions. Lorsque des alpinistes veulent gravir le mont Blanc, les uns prennent la face nord, les autres la face sud ou une autre, mais tous se retrouveront en haut du même sommet.

Teilhard de Chardin a évoqué une vision semblable de cette convergence ultime.

Jésus-Christ a dit : « Je ne suis pas venu abolir mais accomplir. » J'imagine volontiers chacun marchant vers l'accomplissement qu'est la Trinité. Il faut que les chrétiens soient capables de faire un acte d'humilité et de dire : « Notre tort est d'enfermer la Divinité en un Jésus seulement humain et historique. La suprême réalité dépasse de beaucoup cet homme de Nazareth dont on risquerait de faire un tribun, un maître de doctrine, un moraliste. Il nous faut voir en Jésus la manifestation du Père. Celui qui, en union avec le Père, envoie l'Esprit à tout homme de désir, tout homme de bonne volonté.

Ce Dieu trinitaire nous dépasse tous. Nous avons à nous écouter mutuellement et à nous dire avec gratitude : « Mais quel bonheur d'écouter ce musulman me parler de son Créateur qui est aussi mon Créateur ! Quel bonheur d'entendre ce juif me parler de notre Père du Ciel ! Quel bonheur d'entendre cet hindou me parler de ce Dieu intérieur, qui se découvre dans le silence, le recueillement et la paix ! »

Arrêtons nos anathèmes ! Cessons de croire que nous possédons la vérité ! La vérité n'est pas un objet de possession. Il s'agit de nous laisser posséder par elle. Les jeunes ne cessent de nous provoquer à ce sujet. Ils nous crient : « Arrêtez vos caricatures ! » Quel dommage pour eux de ne pas profiter de cette période de leur vie où ils sont tellement ouverts ! Le lien est tellement naturel entre les jeunes et le dialogue des religions ! Bientôt, hélas, certains vont figer leur position et devenir craintifs et déstabilisés par les rencontres.

Que réponds-tu à ceux qui te disent : « Vous oubliez que le Christ est le fils unique de Dieu » ?

J'étais à Assise à l'automne 1986, lorsque Jean-Paul II a invité les membres de toutes les religions à « se mettre ensemble pour prier ». Puisque le pape encourage ce dialogue, pourquoi ne le suivrais-je pas ?

Le concile Vatican II lui-même dit en substance : Dieu a parlé de multiples façons et dans des religions variées ; toute parcelle de vérité a été dite par l'Esprit-Saint et nous devons être capables d'accueillir tout ce qu'il y a de bon et de vrai dans toutes les religions. Je cite cela de mémoire mais je ne crois pas trahir le texte.

Si j'ai eu une telle curiosité pour les autres religions, c'est parce que les jeunes ne m'ont pas laissé d'échappatoire. Constamment, ils m'y ramenaient. Aujourd'hui encore, lorsque je vais dans des écoles, l'une des questions qui revient le plus souvent est celle-ci : « Pourquoi plusieurs religions pour un seul Dieu ? »

Les jeunes m'obligent, me provoquent dans ce sens-là et je les en remercie. Je ne veux pas être démagogue et dire qu'ils ont raison sur tout, mais parfois ils nous aident à ne pas nous endormir le long de nos sentiers battus. Ils nous invitent à aller plus loin, toujours plus loin.

Peut-il y avoir plusieurs expériences de Dieu ? Est-ce que l'expérience d'un moine occidental ou d'un moine du mont Athos peut être différente de celle du lama tibétain dans sa grotte, du soufi en train de faire le dhikr ou de l'hindou remontant vers les sources du Gange ? Peut-il y avoir deux expériences d'un même Dieu ?

Je ne sais pas exactement en quels termes on peut dire ces choses pour être pleinement respectueux de sa tradition propre et de la tradition des autres. A mon sens, Dieu s'exprime de multiples manières, comme la musique est faite de plusieurs notes. Ce qu'il nous faut, c'est voir comment ces notes peuvent s'organiser pour être en harmonie et non en dissonance. Gandhi propose une comparaison que je trouve assez belle : « Dieu est un puits. Chaque religion vient y puiser, l'une avec un seau, l'autre une jarre, la troisième une outre. Regardons l'eau et non la forme de nos récipients. » Soyons plus ouverts et évitons de devenir belliqueux vis-à-vis de ceux qui croient autrement. Si nous sommes bloqués, nous engendrons des guerres de religion. Cette violence est la pire trahison de Dieu.

Les gens qui se veulent universels peuvent devenir tout aussi intolérants que les autres. Il peut y avoir une espèce d'intégrisme de l'universalité.

Je suis complètement d'accord. Il ne faut être le conquérant de rien. Aucune vérité ne doit être écrasante pour les autres. La seule vérité, c'est la communion, et la communion exige de nous l'accueil, la bonté et l'amour. Saint Augustin a dit une parole étonnante : « Ne faisons pas passer l'amour de la vérité avant la vérité de l'amour. » Tout est là !

J'aime beaucoup cette parabole : « De loin, j'ai cru que c'était une ombre ; je me suis rapproché et j'ai cru que c'était un animal ; en me rapprochant encore, j'ai vu que c'était un homme et, plus près, j'ai vu que c'était mon frère. » Il est bien vrai que plus on se rapproche et mieux on réalise qu'au fond, l'autre ne nous est pas si étranger que cela. Si je rencontre un musulman, je me dis : « Mon Dieu ! Quel bonheur pour moi ! » Pourquoi lui fermerais-je mon cœur parce qu'il avance sur un autre chemin ?

L'intolérance est fille de l'ignorance. Toi, tu ne peux pas être sectaire parce que tu as rencontré tellement d'êtres différents au cours de tes voyages !

Partout j'ai rencontré la compassion, la bienveillance et la douceur. Au Japon, en Corée, en Inde, en Indonésie, chez les juifs, dans l'Église gréco-catholique de Roumanie... L'aventure de ces derniers croyants est poignante. J'en ai rencontré qui ont été torturés et qui n'avaient aucune rancune contre leurs bourreaux. C'est vraiment beau de voir cela !

Comme les Indiens d'Amérique que nous connaissons et qui n'ont aucune rancune contre les Blancs. Et en terre d'Islam ?

J'ai rencontré des musulmans pour la première fois lorsque j'ai travaillé en usine comme manœuvre à l'âge de dix-neuf ans. Ils me parlaient de Dieu alors qu'à cette époque, je ne m'y intéressais pas beaucoup. Ma deuxième rencontre avec l'islam se produisit lorsque j'étais à Dakar et à Bobo-Dioulasso. J'avais des camarades africains de mon âge qui me disaient : « Je te laisse, je vais prier. » Ils sortaient un tapis de prière et, sans fausse honte, ils se mettaient à prier devant moi.

Voir les musulmans prier, c'est déjà ce qui avait amené le père de Foucauld à se convertir.

Absolument. Par la suite, au cours de mes voyages, j'ai rencontré beaucoup de musulmans. Circulant en stop en Indonésie, je suis arrivé un soir dans un village. Les hommes étaient à la mosquée, les femmes à la cuisine et les enfants étudiaient le Coran. Une fois l'office terminé, le responsable religieux est venu me trouver et, avec les quelques mots d'anglais qu'il connaissait, il m'a demandé si je voulais manger. Plus tard, il s'est préoccupé de me trouver un lieu pour dormir. Il me considérait comme l'ambassadeur de Dieu. J'ai vécu là une expérience spirituelle extraordinaire. J'ai admiré cette faculté d'accueil qu'il y a dans l'islam.

J'entends souvent parler de l'islam intolérant, je sais bien qu'il existe mais, personnellement, je ne l'ai jamais rencontré.

Nous comprenons pourquoi les jeunes se sentent si bien avec toi. Nous l'avons souvent remarqué au cours de nos enquêtes : nombreux sont ceux qui se braquent dès qu'ils se trouvent confrontés à l'intolérance... Nous arrivons au terme de ce livre, j'aimerais savoir ce que tu leur dirais si tu devais résumer ce qui, pour toi et pour eux, est essentiel.

Je ne pourrais que leur répéter ce que je leur ai dit si souvent : « Tu n'as aucune raison d'être découragé ou pessimiste. Dieu t'aime merveilleusement : en te donnant la vie, Il t'a choisi de toute éternité. Il t'offre de travailler sur un chantier fantastique. Éducation, santé, justice, paix, dialogue interculturel, tiers ou quart monde... tu n'as que l'embarras du choix. Ton amour et ta créativité ont reçu un espace illimité pour se déployer. Il n'y a peut-être plus de terres vierges à découvrir mais il y a une nouvelle civilisation à construire. Dieu et les hommes ont besoin de toi. Alors ne dis pas que Dieu est manchot. Prête-lui plutôt tes bras. Il est temps de retrousser tes manches. Et cesse de dire que Dieu est muet, prête-lui plutôt ta voix ! Au lieu de critiquer les journalistes deviens l'un des leurs. Les lacunes de ce monde, de cette société, c'est ta place, encore inoccupée.

« N'aie pas peur de regarder l'autre et de l'aimer. Encore plus s'il est étranger, s'il te semble loin. C'est parfois difficile car ce qui nous différencie nous trouble et nous donne le sentiment de perdre nos repères. Mais cela vaut la peine. Tu seras d'autant plus chrétien que tu sauras t'ouvrir aux autres. Hindous, bouddhistes, juifs, chrétiens, musulmans... nous avons des choses importantes à nous dire. Tous les hommes sont enfants de Dieu et il est bien évident qu'Il n'a pas réservé Sa Révélation à un seul peuple. »

J'ai envie de laisser à Dieu le dernier mot. Il ne cesse de nous répéter sur tous les tons

« J'attends de vous que vous mettiez en commun tout ce que Je vous ai appris. C'est en mettant ensemble vos morceaux de puzzle que vous aurez de Moi l'image la moins déformée. En accueillant l'autre, c'est à Moi que vous vous ouvrez. Celui qui aime est né de Moi. »

En relisant ces pages, comment ne pas exprimer ma gratitude à Rachel et Jean-Pierre Cartier ? Dans le grand silence de leur moulin, par la qualité de leurs questions et de leur écoute, ils m'ont conduit sur des sentiers imprévisibles. Je fus tout étonné de notre « cueillette » après une dizaine d'heures d'entretien. Qu'ils soient remerciés pour en avoir pris l'initiative !

S. R.

Table

DU MÊME AUTEUR

L'avenir est à la tendresse, 12e édition, Salvator, Le Cerf, 1979, coll. Foi vivante (poche).

La Révolte de l'Esprit (collaboration au livre d'Olivier Clément), Stock, Paris, 1979.

Comme une flûte de roseau, Centurion, Paris, 1983 (traduit en italien, Cittadella editrice).

Jésus (pour les 10-13 ans), Le Cerf, Paris, 1983 (épuisé).

François d'Assise, troubadour et prophète, 3e édition, Salvator, Le Cerf, 1983 (traduit en tchèque, éditions Petrov, Brno).

L'ombre obéit au soleil, Salvator, Le Cerf, 1985.

Aime et tu vivras, 10e édition, Cavan DDB, 1985.

Puisque l'amour vient de Dieu, 3e édition, DDB, 1988 (traduit en espagnol, éditions Sal terrae).

Clins Dieu, 2e édition, Salvator, Le Cerf, 1989.

Prêtres de la Mission de France, Centurion, 1992.

La Souffrance (avec M. Knobel et H. Baccouche), Centurion, 1993.

Le Nomade de l'éternel, Stock, 1994.

Montre-moi Ton visage, variations sur les Psaumes, DDB, 1995.

Quand l'amour se fait homme, DDB 1997.

Dieu était là et je ne le savais pas : autobiographie spirituelle, Presses de la Renaissance, 1998.

La culpabilité : histoire d'hommes ou de religions ? in Innocente culpabilité, collectif dirigé par Marie de Solemne, Dervy, 1998.

Une vie pour aimer, Médiaspaul, 1998.

Dieu écrit droit avec des lignes courbes : autobiographie spirituelle (tome 2), Presses de la Renaissance, 1999.

Les rendez-vous de Dieu, Presses de la Renaissance, 2000.

Vos fils et vos filles seront prophètes, Bayard éditions, 2000.

OUVRAGES
DE JEAN-PIERRE ET RACHEL CARTIER

Jean-Pierre Cartier.

HISTOIRE DE LA CROISADE CONTRE LES ALBIGEOIS (Grasset).

L'UNIVERS DES HIPPIES, en collaboration avec Mitsou Naslednikov (Fayard).

L'AVENTURE DE LA MARINE (Presses de la Cité).

EXPLORATEURS ET EXPLORATIONS (Presses de la Cité).

L'HOMME ET LE COSMOS, en collaboration avec Stéphane Groueff (Presses de la Cité).

LA PREMIÈRE GUERRE MONDIALE, tomes 1 et 2, en collaboration avec Raymond Cartier (Presses de la Cité).

SYLVAIN OU LE TEMPS D'UNE VIE (Presses de la Cité).

AURORE LA VENDÉENNE (Presses de la Cité).

MARIE LA TOURMENTE (Presses de la Cité).

JOURNAL D'UN EXCOMMUNIÉ (Table Ronde).

Rachel et Jean-Pierre Cartier.

CES DROGUÉS QUI ONT VAINCU LA DROGUE (Plon).

FEMMES DE LUMIÈRE (Table Ronde).

ISLAM, L'AUTRE VISAGE, entretiens avec Eva de Vitray-Meyerovitch (Albin Michel).

IL N'Y A PAS D'AMOUR PERDU, entretiens avec le père Maillard (Critérion).

PROPHÈTES D'AUJOURD'HUI (Albin Michel).

POUR UNE THÉOLOGIE DU CŒUR, entretiens avec Mgr Germain (Fennec).

LES GARDIENS DE LA TERRE (Table Ronde).

IL Y A UNE VIE APRÈS LA VILLE (Table Ronde).

« *Espaces libres* »

DERNIERS TITRES PARUS

50. *La Psychologie de la divination,* de M.-L. von FRANZ.
51. *La Synchronicité, l'âme et la science,* ouvrage collectif.
52. *Islam, l'autre visage,* d'Eva de VITRAY-MEYEROVITCH.
53. *La Chronobiologie chinoise,* de Pierre CRÉPON et Gabriel FAUBERT.
54. *Sentences et proverbes de la sagesse chinoise,* choisis et adaptés par Bernard DUCOURANT.
55. *Vivre. Paroles pour une éthique du temps présent,* d'Albert SCHWEITZER.
56. *Jésus fils de l'homme,* de Khalil GIBRAN.
57. *Les Chemins du Zen,* de D. T. SUZUKI.
58. *Le 3e Souffle ou l'agir universel,* de Jeanne GUESNÉ.
59. *Le Testament de l'Ange. Les derniers jours de Gitta Mallasz,* de Bernard MONTAUD.
60. *Confiteor,* de Bernard BESRET.
61. *Les Mythes de l'Amour,* de Denis de ROUGEMONT.
62. *La Place de l'homme dans la nature,* du père TEILHARD DE CHARDIN, présenté par Jean ONIMUS.
63. *Communiquer pour vivre,* ouvrage collectif sous la direction de Jacques SALOMÉ.
64. *Accroche ta vie à une étoile,* de Stan ROUGIER.
65. *Du bon usage des crises,* de Christiane SINGER.
66. *Parole de terre. Une initiation africaine,* de Pierre RABHI.
67. *J'attends Quelqu'un*, de Xavier EMMANUELLI.
68. *Désert, déserts*, de Jean-Yves LELOUP.
69. *Le Graal,* de Jean MARKALE.
70. *Ultimes Paroles*, de KRISHNAMURTI.
71. *Moïse raconté par les Sages*, d'Edmond FLEG.
72. *Le Doigt et la Lune*, d'Alexandro JODOROWSKY.
73. *Thé et Tao, l'art chinois du thé*, de John BLOFELD.
74. *L'Égypte intérieure ou les dix plaies de l'âme,* d'A. de SOUZENELLE.
75. *L'Au-delà au fond de nous-mêmes. Initiation à la méditation,* d'A. et R. GOETTMANN.
76. *Le Soleil d'Allah brille sur l'Occident,* de S. HUNKE.
77. *Le Livre des prénoms bibliques et hébraïques*, de M.-A. OUAKNIN.
78. *Le Chant de l'Être,* de S. WILFART.
79. *La Parole au cœur du corps,* entretiens avec J. Mouttapa, d'A. de SOUZENELLE.

80. *Henri Le Saux, le passeur entre deux rives,* de M.-M. DAVY.
81. *La petite Sainte Thérèse,* de M. VAN DER MEERSCH.
82. *Sectes, Églises et religions, éléments pour un discernement spirituel,* de J.-Y. LELOUP.
83. *À l'écoute du cœur,* de Mgr MARTINI.
84. *L'Oiseau et sa symbolique,* de M.-M. DAVY.
85. *Marcher, méditer,* de M. JOURDAN et J. VIGNE.
86. *Le Livre du sourire,* de C. de BARTILLAT.
87. *Le Couple intérieur,* ouvrage collectif sous la dir. de P. SALOMON.
88. *Nous avons tant de choses à nous dire,* de R. BENZINE et C. DELORME.
89. *Tous les matins de l'amour,* de J. SALOMÉ.
90. *L'Orient intérieur,* ouvrage collectif sous la direction de M. DE SMEDT.
91. *Les Évangiles des quenouilles,* traduits et présentés par JACQUES LACARRIÈRE.
92. *Les Mémoires de l'oubli,* de J. SALOMÉ et Sylvie GALLAND.
93. *Qu'est-ce qu'une religion ?,* d'O. VALLET.
94. *Science et croyances,* de A. JACQUARD et J. LACARRIÈRE.
95. *Nicolas Berdiaev, ou la révolution de l'Esprit,* de M.-M. DAVY.
96. *Dernier avis avant la fin du monde,* de X. EMMANUELLI.
97. *Jésus et Bouddha,* d'O. VALLET.
98. *D'un millénaire à l'autre. La grande mutation,* collectif dir. par F. L'YVONNET.
99. *Un Juif nommé Jésus,* de M. VIDAL.
100. *Le Cercle sacré. Mémoires d'un homme-médecine sioux,* d'A. FIRE LAME DEER.
101. *Être à deux ou les traversées du couple,* collectif dir. par N. CALMÉ.
102. *La source du bonheur* de C. BOIRON.
103. *Une passion*, de C. SINGER.

La reproduction photomécanique de cet ouvrage
*a été réalisée par l'***Imprimerie Bussière,**
l'impression et le brochage ont été effectués
sur presse Cameron
par **Bussière Camedan Imprimeries**
à Saint-Amand-Montrond (Cher),
pour le compte des Éditions Albin Michel.

Achevé d'imprimer en octobre 2000.
N° d'édition : 19389. N° d'impression : 004617/1.
Dépôt légal : octobre 2000.